ELSINOR
VERLAG

Für Joachim Bliese
(1935–2021)

Ilja Richter

Nehmen Sie's persönlich

Porträts von Menschen, die mich prägten

Fotos von Joseph Gallus Rittenberg

Elsinor

Bibliografische Information der Deutschen Nationalbibliothek
Die Deutsche Nationalbibliothek verzeichnet diese Publikation in der Deutschen Nationalbibliografie; detaillierte bibliografische Daten sind im Internet über www.dnb.de abrufbar.

Neben maßgeblichen Texten, die Ilja Richter eigens für dieses Buch verfasste, enthält es auch Beiträge, die im Laufe der Jahre an unterschiedlichen Orten veröffentlicht und vom Verfasser für diesen Abdruck noch einmal gründlich durchgesehen und überarbeitet wurden.

1. Auflage 2022

Abbildungen im Innenteil: © Joseph Gallus Rittenberg; mit freundlicher Genehmigung des Fotografen
Abbildung auf Seite 176: © Hannes Caspar

Umschlag und Satz: Elsinor Verlag, Coesfeld
Abbildung auf dem Umschlag: © William Minke

Printed in Germany
ISBN 978-3-942788-70-0

Nehmen Sie's persönlich

Verlegene Verleger

Lieber Herr Richter,
haben Sie herzlichen Dank für dieses tatsächlich exzeptionelle Leseerlebnis – obschon auch die Innenwände meiner Augen bereits viel gesehen haben, um Ihr Manuskript abzuwandeln. Dass vieles komisch ist, davon war ich ausgegangen. Dass es auch formal so ausufernd mutig ist, hatte ich nicht erwartet, es hat mich erfreut, wie sich also Vor- und Nebengeschichten zu einem Bild von Zeit und Land zusammensetzen. Dies alles als Eindruck vorab.

Allein: Im Münchener Literaturprogramm mit seinen besonderen Erwartungen wage ich es nicht, in Wien und Berlin säße es aus jeweils eigenen Gründen nicht richtig. So sympathisch mir Gespräch, Idee, Lektüre waren – ich werde Ihnen hier mit Bedauern kein Angebot machen können.

Seien Sie dennoch herzlich gegrüßt …

J. L.

Carl Hanser Verlag, München

Lieber Ilja Richter,
also – vielen Dank für die Zusendung Ihres Manuskripts. Ich habe nun ca. die Hälfte gelesen und kann mich J. L. nur anschließen: Eine Explosion von Fantasie, der Sound der deutschen Romantik. Verrückte Figuren, verrückte Ereignisse, Sprachwitze ohne Ende, immer wieder neue Wendungen. Ein Feuerwerk. Aber dann kommt leider auch bei mir ein «aber» …

H. M.

Verlag Kiepenheuer & Witsch, Köln

Lieber Ilja,
Ihr Manuskript habe ich gern gelesen, und die Kollegin vom Insel Verlag auch. Sie hat sich schon einmal um Sie als Autor für eine von ihr herausgegebene Anthologie bemüht. Ihr Text hat Tempo, Reife, Witz. Gleichwohl können wir Ihnen keinen angemessenen Veröffentlichungsort anbieten: Suhrkamp ist zu ernst und ich bin zu gravitätisch. Wir würden Ihr Buch mit diesem Verlagsprofil nicht durchsetzen können. Aber Sie werden damit Glück haben, da bin ich sicher, und Leserinnen und Leser finden.

Mit herzlichen Grüßen
Ihr T. S.
Suhrkamp Verlag, Berlin

Elsinor Verlag, Coesfeld, Telefonat mit Ilja Richter

(Aufzeichnung vom 4. Mai 2022)

PAGO Warum erscheinen Ihre literarischen Porträts jetzt bei uns im Verlag? Wegen der Absagen bei den großen Verlagen, denk ich. Oder?

RICHTER Falsch gedacht. Herr M. von Kiepenheuer in Köln hatte ein aus uralten Zeiten rührendes Recht des ersten Blicks auf meinen Roman.

PAGO Aber der hat ja nun mal abgelehnt.

RICHTER Wie alle anderen.

PAGO Ich habe nicht abgelehnt. Ich hätte Ihren Roman sehr gern gedruckt.

RICHTER Danke. Aber Ihr Verlag macht mir zu viel in Weltliteratur.

PAGO Oh! Und Kiepenheuer, Hanser, Suhrkamp machen keine?

RICHTER Doch. Aber mit Lebenden. Ihre Stars sind alle tot.

PAGO Das erklärt aber nicht, weshalb ich Ihren Roman nicht in unserem kleinen, aber feinen Verlag hätte verlegen dürfen, lieber Herr Richter.

RICHTER Weil mich Ihr toter Arthur Koestler im Elsinor Verlag mehr erdrückt als ein lebender Handke bei Suhrkamp.

PAGO So kommen wir hier nicht ... Was wird denn nun aus Ihrem Roman?

RICHTER Ich hab ihn gelöscht.

PAGO Ihr Ernst?

RICHTER Mein voller! Ich bin kein Romancier.

PAGO Was dann?

RICHTER Eher Porträtist ...

PAGO ... mit gelöschtem Roman!?

RICHTER Richtig.

PAGO Keine Sicherheitskopie?

RICHTER Nein, alles mit Kugelschreiber.

PAGO Warum das?

RICHTER Es war ein Kugelschreiber von Manfred Krug.

PAGO Ach so. Ein enger Freund?

RICHTER Nein. Das war Joachim Bliese. Der einzige Schauspieler, mit dem ich statt über Theater lieber über Frauen sprach.

PAGO Also waren Sie mit Krug nur gut bekannt?

RICHTER 1986 noch nicht mal das. Aber als er starb, war das für mich mehr.

PAGO ...

RICHTER Es hätte eine Freundschaft werden können. So um 2008 herum. Dann starb er 2016. Und da hab ich meinen Roman mit seinem Kugelschreiber geschrieben.

PAGO Den «gelöschten»?

RICHTER Ja. Die Porträts hab ich in den Computer getippt.

PAGO Da bin ich aber froh.

Manfred Krug

Noch eine Absage …

… allerdings die liebenswerteste meiner Karriere. Ich hatte Manfred Krug in Duisburg beim Drehen für die Serie «Detektivbüro Roth» kennengelernt. Er (49) in der Titelrolle, ich (34) als ein ewiger Theologiestudent, der in der Detektei anlernen will. Das war 1986. Elf Jahre später – man beachte meine Zurückhaltung – schrieb ich ihm einen Brief voller Verehrung für seine Version von Franz Lehárs Operettenarie «Niemand liebt dich so wie ich!» und der höflichen Anfrage, ob er Lust hätte, mit mir gemeinsam mal ein Gesangskonzert zu geben.

Er hatte nicht. Stattdessen schrieb er mir zwei Jahre später, als hätte ich gestern gefragt: «Lieber Ilja Richter, ob Ihnen je ein Mensch gesteckt hat, wie sehr ich aus frühesten Jahren Ihre Kunst und überhaupt Sie im Ganzen zu schätzen weiß? Soll ich etwa – ein alter Swing-Opa – Ihnen diese herzigen coupletartigen Lieder vor der Nase wegsingen? Kommt ja gar nicht in Frage! Ob die alte Nachtigall Manfred noch mal zu trällern anfangen will, weiß sie selber nicht.»

Wir aber wissen es, denn jener Brief stammt vom 4. April 1999, und recht bald zeigte Krug uns und sich selbst noch einmal, wo der Swing-Hammer hängt. Vor allem mit Jazz.

Damals beim Drehen in Duisburg war sein Ton mir gegenüber durchaus freundlich, wenn auch etwas abwartend. Er schien nicht bedacht zu haben, dass ich bereits in über dreißig Rollen handfeste Filmerfahrungen gesammelt hatte. Und ich hatte nicht bedacht, dass dieser Manfred aus dem Osten ein echter Duisburger war. Meinen Läster-Kommentar zur dortigen Königsstraße im Vergleich zur Düsseldorfer Königsallee schmetterte er mit links und mit gut kaschierter Liebe zu dieser Stadt mühelos ab:

«Was wollen Sie? Düsseldorf macht auf Paris, aber Duisburg bleibt Duisburg und ‹spielt› nicht Berlin.» Nun zeigt er mir auch noch einen Vogel, dachte ich kurz, denn er tippte mit dem Zeigefinger auf seine Stirn: «Hier – das ist auch Duisburg! Mein Vater: Stahlkocher bei Thyssenkrupp! Dann kam die Scheidung meiner Eltern: Der Bruder zu Mutter und ich zu Vater. Und mit mir ist er dann '47 rüber. In die Sowjetzone! Nach Leipzig und Brandenburg.»

Krug eine Ruhrpott-Göre – das war mir neu: «Darüber sollten Sie mal was schreiben!»

«Mach ich schon noch!», sagte Krug.

Zwei Jahrzehnte sollten ins Land gehen, bis er es aufschrieb, sein Leben als Ossi, der aus dem Westen kam und der, neben Mueller-Stahl, der größte DDR-Star jenseits der Mauer werden sollte. Und der widerspenstigste. Wegen seines Protests gegen die Ausbürgerung Wolf Biermanns hatte er sein bis dahin gutes Leben 1977 gegen ein ungewisses im Wilden Westen getauscht. Im vereinheitlichten Deutschland schrieb er dann den 2003 erschienenen autobiografischen Roman «Mein schönes Leben». Stilistisch weit entfernt von der sonst üblichen Erinnerungsware seiner schreibenden Kollegen. Alles kreist hier um die von ihm so geliebte Duisburger Großmutter.

Damals, anno 1986, noch sehr mit seiner westlichen TV-Karriere und weniger mit literarischen Ausflügen beschäftigt, hatte Krug den Dreh dieser eher durchschnittlichen Detektiv-Serie mitgenommen, wie andere mal kurz einen gut bezahlten Nebenjob annehmen. Text lernte er ungern. Er war ein Meister im Verstecken von zahllosen Spickzetteln, die er lässig ablesend in Dialog verwandelte, was bei ihm absolut funktionierte. Ich kann das bis heute nicht.

Die Dialoge und Stories solcher Krimi-Serien und Tatorte waren selten auf Jurek-Becker-Niveau. Und selbst bei ihm und dessen genialen «Liebling Kreuzberg»-Drehbüchern hatte Krug immer etwas auszusetzen. Das schien diese seit Jugendjahren bestehende Männerfreundschaft zu vertragen.

Wenn Manfred Krug am Set eine Nase nicht passte, konnte er sehr unangenehm werden. Ausgerechnet die Geliebte des Anwalts Robert Liebling, gespielt von Monika Woytowicz, spielte eines Tages nicht mehr mit; sie legte diese ihr viel Resonanz einbringende Rolle nieder, was Krug irritierte. Er sagte: «Aber Monika – warum! Wir haben doch überhaupt keinen Streit miteinander. Hatten wir doch nie ...»

«Nein, aber du mit zu vielen anderen», sagte sie und ging.

Monika Woytowicz war später über zehn Jahre lang meine Dorfnachbarin in Mecklenburg und erzählte mir davon. Sie mochte «Manne» – aber nicht um jeden Preis.

Ich selbst hatte Krug anders erlebt. Wir beschnüffelten uns in jenem '86er-Jahr wie bunte Hunde aus zwei verschiedenen Revieren. Nach Ende der Dreharbeiten verliefen sich unsere Spuren. Seine, die eines Fährtenhundes, immer auf Erfolgsspur bei den Fernsehanstalten – meine, mehr die eines Sanitätshundes, auf der Suche nach der verlorenen Sende(r)zeit. 1988 floh ich vor den Folgen meiner «disco»-Albereien in Richtung Theater. Zum Bremer Schauspielhaus. Spielte Shakespeare und Brecht. Mir war trotzdem schlecht. Zu viel Enge und Intrigen. Ich hatte Avantgarde gesucht und landete dennoch im Stadttheater-Mief. Eine Möwe macht noch keinen Sommer. Anstatt mich um «Drei Schwestern» von Tschechow zu kümmern, verkümmerte ich weiter als Vorabend-Hans-Würstchen der «Drei Damen vom Grill». Reagierte mich in Dieter Hallervordens Kabarett, den «Wühlmäusen», mit meinem ersten Soloprogramm ab: «Augenblicke für Feinde und Freunde».

Und wer saß unerwartet im Parkett? Manfred Krug – mein Idol! Lachte, klatschte, Vorhang. Und schon war er wieder weg. Schade.

Hatte ich mich nach der bezaubernden Konzert-Absage des Jahres 1999 ganz entspannt damit abgefunden, niemals mit Manfred Krug gemeinsam auf einer Bühne singen zu dürfen, lieh er mir dafür in den darauffolgenden Jahren nicht nur sein

Vertrauen, sondern sogar seine Band. Seine Leib-und-Magen-Musikanten. Krugs Empfehlung war der Schlüssel für ein 2008 angezetteltes Testkonzert. Mein neuer Duzfreund Manfred schubste mich wohlwollend in Richtung Chansonnier: «Du musst neue Wege gehen, du hast eine ganz eigene Stimme. Sing! Gib Song-Abende …»

Ich gab. Und verausgabte mich. Reine Begabung ist ab dreißig nicht mehr genug. Mein Versuchsballon im Berliner Kino «Babylon» fand zwar statt, stieg aber nicht hoch genug. Da lag nichts Vibrierendes in der Luft. Das spürte ich gleich in den ersten Minuten. Ein Bühnenabend entscheidet sich immer in den ersten Minuten. Alte Regel. Schnellschuss. Fehlschluss. Vorhang.

Am nächsten Morgen tanzte ich für einen Herrenkaffee bei Manfred zu Hause in der Rankestraße an. Eher zaghaften Schrittes stieg ich die Treppen ins Dachgeschoss hoch. Step-by-step ging es in mir sowas von bergab! Und bevor ich noch selbstkritisch Luft holte, um etwas dazu sagen zu können, stand der gealterte Sunnyboy strahlend im Türrahmen, öffnete wie Jesus seine Arme und sagte: «Ilja, meine Sonne, komm rein! Kaffee? Zigarre?»

«Ach, nö, danke …»

«Doch, doch, hilft ja nichts. Verpatzt. Schade …»

«Warst du drin?»

«Musst' ich gar nicht. Ottilie war drin. Das genügt.»

Nun steckte er sich eine verdammt dicke Zigarre ins Gesicht, ich zog nach. Bald zogen wir beide. Stille und viel blauer Qualm. Das war die knappste Frühkritik meines Lebens. Dann, nach einem längeren Manfred'schen Schweigen, ohne dabei ein bedrücktes Gesicht zu machen, das machte ich ja schon, lächelte er und meinte so ins Havanna-Blau gehüllt:

«Mach mal mehr auf Womanizer!»

«Bin ich doch nicht.»

«Doch, biste. Du weißt es nur noch nicht. Immerhin scheinen es ja ein paar Frauen in der Stadt durchaus zu wissen.

Immer wenn wir uns sehen, heute mal nicht, na gut, bist du in Begleitung einer anderen Schönen. Beneidenswert. Gibt es eigentlich immer noch diese freche Berlinerin?»

«Gibt es. Bedingt.»

«Na, also. Darüber sing mal! Über bedingte Liebe. Oder unbedingte! Nur nix von mir! Wenn überhaupt, dann nach meinem Tod.»

«Mach ich.»

Krug hatte mir also 2008 die Leviten gelesen, schenkte mir an diesem grauen Tag zur Aufhellung meiner Laune seinen Gedichtband: «66 Gedichte, was soll das?», suchte zwecks Widmung kurz seinen Kugelschreiber, fand ihn und schrieb dann: «Für den einzigen Ilja meines Lebens!»

Ich war glücklich. Ob er diese Rezeptur bereits bei anderen Zueignungen verwendet hatte, war mir in diesem Moment egal. Na, wenn schon. Ich fühlte mich in diesem Moment als ‹sein einziger›, verließ Krugs Ranke mit einem euphorischen Danke. Mein Konzert-Flop war zugunsten einer jungen Freundschaft kurz vergessen. Ich trabte heimwärts. Höhe «Kranzler-Eck» klingelte mein Handy:

«Nanu, Manfred. Hab ich was vergessen?»

«Ja, hast du!»

«Was denn …»

«Komm sofort zurück. Du hast meinen PARKER!»

«Was hab ich?»

«Meinen PARKER hast du!»

Sein Ton war scharf.

«Aber Manfred, was soll ich denn mit deinem Parka. Der wär' mir doch viel zu groß …»

«Ilja! Hier geht's nicht um Kapuzenjacken, verdammt, es geht um den Kugelschreiber. Das weißt du ganz genau. Der ist von Ottilie. Mit Gravur! Du kannst einen anderen haben. Aber nicht diesen PARKER!!!»

«Bitte, Manfred. Ganz ruhig.»

«Ich bin ganz ruhig», brüllte er.

«Pass auf, Manfred, bleib dran, ich schau sofort in meinen Taschen nach, vielleicht habe ich den Stift ja versehentlich ...»

«Du hast ihn! Komm sofort zurück!» Es klang bedrohlich.

«Ja, ich komm ja schon.»

Passanten blickten sich nach mir um. Ich sah wohl leicht gehandicapt aus: Mit schrägem Kopf – das Handy zwischen Hals und Schulter, Krugs Büchlein zwischen die Zähne geklemmt – durchkramte ich all meine Hosen- und Sakkotaschen. Ich war, als ich zurück in die Rankestraße wankte, weit entfernt von einem aufrechten Gang. Wie ein Sicherheitsbeamter am Flughafen, nur dass ich dabei lief; immer wieder den eigenen Körper abtastend, kamen keine verdächtigen Minen zum Vorschein. Ich hatte diesen PARKER nicht eingesteckt. Weder versehentlich noch absichtlich. Den Tränen nah über Manfreds wiederholtes «Red nicht! Du musst ihn haben, komm sofort zurück!», war ich die sechs Treppen hochgeeilt.

Im Türrahmen mit hochrotem Kopf ein geladener Manfred. Der, der mich eben noch mit «Komm rein, meine Sonne» begrüßt hatte, sprach: «Du hast ihn!» Ich hob die Arme. Hilflos. In Tränen.

Manfred, durch meinen Anblick nun doch unsicher geworden, fragte schon etwas leiser «Wirklich nicht?»

«Wirklich nicht, Manfred.»

«Taschentuch?»

Ich nickte. Anstatt mir eins zu geben, rieb er sich reflexartig die Stirn und nuschelte: «Komm, Ilja, suchen wir doch noch mal. Wenn Ottilie zurückkommt, und ihr PARKER ist ... Ich meine, meiner, den sie mir ...»

«Ja. Ja. Schon gut. Suchen wir.»

Es muss ziemlich dämlich ausgesehen haben, wie der baumlange Krug und ich auf dem Fußboden herumkrochen. Immerhin auf Augenhöhe. Kommissar Stoever, dem die Frauen zu Füßen lagen, war nun selber kniend unter der Glasplatte seines

Tisches gestrandet und damit am Ultimo seiner Fahndungs-Reichweite. Ich suchte am anderen Ende des Teppichs. Die Wohnung war groß. Aber klein genug, um ständig mit den anwesenden Möbeln zu kollidieren.

Duldungsstarre, Pseudoschuld und Resignation hatten mich deutlich länger als ihn, den vermeintlich Geschädigten, auf Tauchstation verharren lassen, und so erblickte dann tatsächlich ich das stählern blinkende Schreibgerät am Boden liegend, das Manfred so sehr am Herzen lag.

«Ist er das?» rief ich.

«Ja, das ist er!» Nun murmelte er ein verlegenes «Ist mir das … das ist mir jetzt aber …»

Dann, mit einem «Wart' mal!», als habe er eine Idee, verschwand er im Nebenzimmer, kam sehr schnell wieder zurück und drückte mir einen PARKER in die Hand: «Hier! Der ist von mir. Bitte, Ilja!»

«Was soll ich damit! Will ich nicht. Ich hatte dir doch gesagt, dass ich ihn nicht …»

«Ich weiß. Früher wäre ich bei einer solchen Lappalie …»

«Versteh schon, Manfred. Der andere ist eben von Ottilie.»

«Ja. Aber der hier gehört mir. Nimm ihn doch! Bitte! Mir ist das so …»

«Na gut.»

Ich steckte das Ding ein, klemmte mir Manfreds «66 Gedichte, was soll das?» unter den Arm und ging ab. Bereits im Treppenhaus stehend, las ich am Türschild nebenan: «O. Krug».

«Hast du zwei Wohnungen?»

«Nein. Jeder hat eine.» Er gewann wieder etwas von der verlorenen Sicherheit zurück, lächelte sogar, als er meinen fragenden Blick sah:

«Denk an meine Worte: Zwei Wohnungen – das ist die beste Lösung mit einer Frau!»

Nachdem inzwischen jedermann in Krugs veröffentlichten Tagebüchern von 1996/1997 nachschlagen darf, wie er sich Tür an Tür mit seiner altruistischen Ehefrau Ottilie auch noch eine Zweitfrau mit einem Baby als Folge dieses Doppellebens unter einem Dach geleistet hatte, leiste ich mir beim Anmoderieren der Krug-Titel in meinen Konzerten inzwischen immer noch meine Pointe, die ursprünglich seine war.

«Sag mal, Manfred, ist dein Bett auch gut besucht?»

Darauf er: «Ich bitte dich ... Immer ausgebucht!»

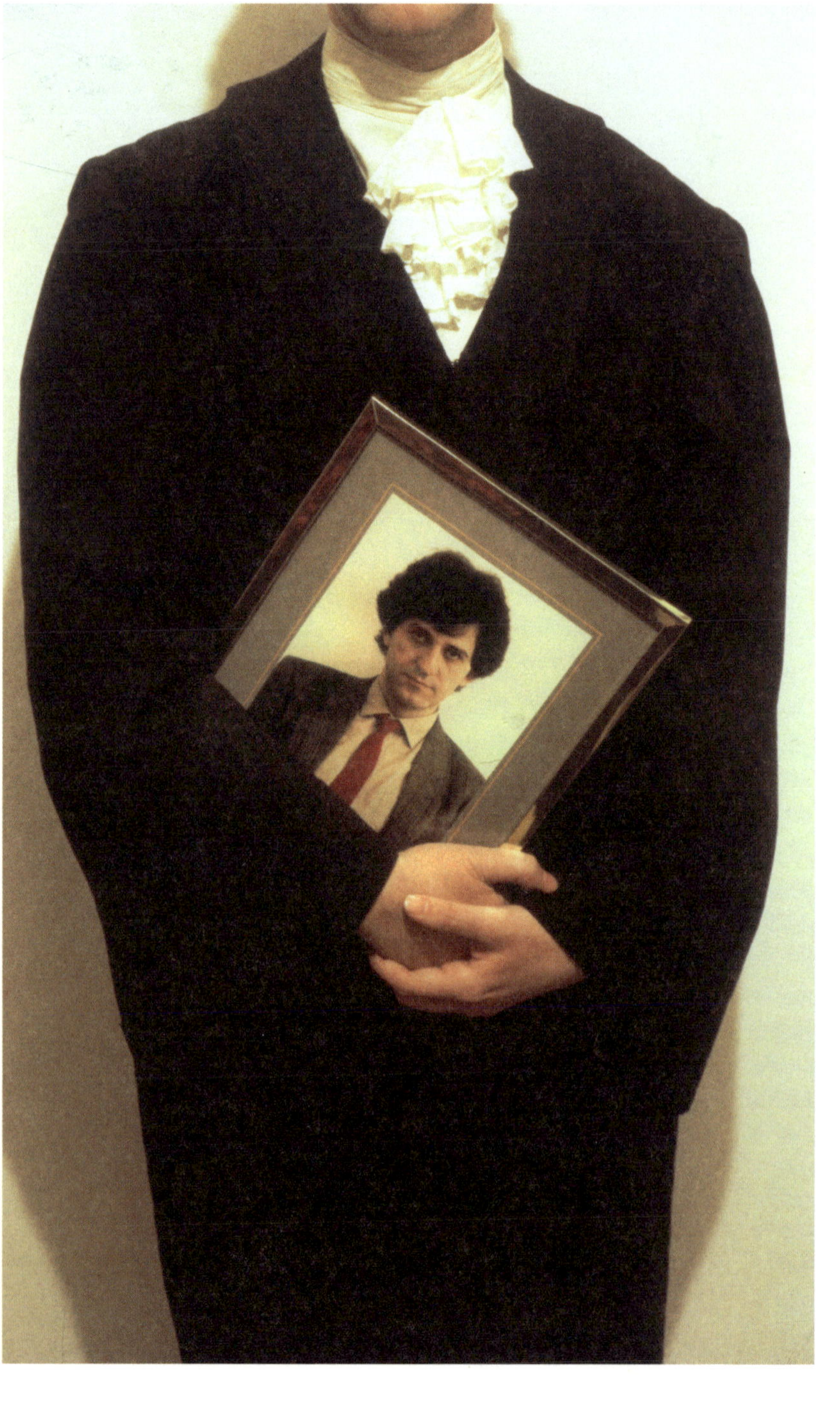

Rittenberg – Fotograf ohne Kamera

Den österreichischen Fotografen Joseph Gallus Rittenberg hatte ich kennenlernen dürfen, weil das Magazin *Stern*, im April 1983 durch die Veröffentlichung der gefälschten Hitler-Tagebücher legendär geworden, meinte, es wäre jetzt mal ein echtes, nichts beschönigendes und unglamouröses Porträt über mich fällig.

Nun schrieben wir bereits das Jahr 1987, und dieser Rittenberg erschien also in der Hotelhalle und sagte, er sei der avisierte Fotograf, hatte aber keine Kamera dabei. Stattdessen stellte er mir elementare, also wirklich tief gehende Fragen, die ich mir immer schon von Journalisten statt der Standardfragen gewünscht hatte. Aber der Mann war Fotograf. Kein Journalist. Der fürs Fragen zuständige Mann sollte mich später interviewen.

Die Treffen mit Rittenberg wiederholten sich. Und nachdem er am dritten Tag immer noch keine Fotos hatte machen wollen und mich stattdessen bat, morgen mal in seinem Atelier zu stehen, um Namen mit bunter Kreide an die Wand zu schreiben, die mir in meinem Leben wichtig seien, ging ich irritiert heim. Also in mein Hotelzimmer. Dort berichtete ich meiner Mutter, dass ich es mit einem Wahnsinnigen zu tun hätte.

«Stell dir vor, Mama, der Fotograf, der für den *Stern* arbeitet, hat keine Kamera. Dafür hat er mir vorgeschlagen, morgen mit Buntkreide wie ein Kind meine Lieblinge auf eine Wand zu malen!»

Darauf Mama: «Was erwartest du von einer Zeitschrift, die Hitlers Tagebücher herausgebracht hat!»

«Na, auf jeden Fall keinen Fotografen, der mit Schulkreide arbeitet, Mama.»

«Lass den Meschuggenen arbeiten, wie er will», sagte sie. »Deine Show ist aus. Und Reklame ist alles.»

«Seh ich anders, Mama.»

Ich wollte ja nur noch Theater spielen. Und darüber sollten die Blätter berichten. Was natürlich niemanden wirklich interessierte, solange ich nicht während einer Probe einen Regisseur erschlug, ein bis zwei Frauen in der Öffentlichkeit sexuell nötigte oder wenigstens endlich als schwul geoutet würde. Nichts dergleichen! Meine Frauengeschichten behielt ich für mich, und Männer sagten mir sexuell nichts. Ich beschloss, den *Stern* anzurufen.

«Sind Sie sicher, dass Sie mir einen Fotografen geschickt haben? Er stellt interessante und elementare Fragen. Philosophisch fast. Nur fotografieren tut er nicht. Der Mann arbeitet mit Malkreide.»

«Lieber Herr Richter. Der Mann hat Fassbinder fotografiert. Die Schygulla. Den Heiner Müller. Da wird's doch wohl noch für einen Ex-Showmaster reichen. Der Mann ist Künstler. Lassen Sie sich drauf ein. Wir wissen schon, was wir tun.»

Ich verkniff mir eine Replik in Richtung Hitler, empfand das Telefonat als demütigend und sehnte mich fast schon wieder nach diesem Fotografen ohne Kamera, der eher wie ein österreichischer Pfarrer aussah. Also fuhr ich in Gottes und Mamas Namen zu seinem Atelier. Na ja.

Eher ein Domizil wie vom Räuber Hotzenplotz. Ich stieg über Rittenbergs am Boden liegenden Bruder, der dort seinen Rausch ausschlief. Meine blasierte Afghanin stieg über den schnarchenden Mann weitaus graziöser als ich, nahm mitten im Motiv Platz und sah mir gelangweilt gar nicht erst zu. Mit eben jener Ignoranz, die man von uralten Theaterabonnenten kennt. Man schaut schon gar nicht mehr hin. Als ich alle mir wichtigen Namen aufgemalt hatte, holte Rittenberg endlich eine Fotokamera hervor. Endlich! Es war eine Wegwerf-Kamera.

Das war für mich die nächste Überraschung. Wie ich erfuhr, machte er das immer so, um zu testen, ob das Bild auch in der Primitivversion Kraft hat. Und danach erst legte der Meister los. Mit einer alten, aber kostbaren Kamera. Analog logischerweise. Digitales galt dem Sonderling auch später eher als verwerfliches Zeug für den Müll. Und seine Fotos waren nie zum Wegwerfen.

Alle aufgemalten Namen sind noch in meinem Gedächtniskasten. Neue kamen hinzu. Aus siebzig Jahren Lebenspraktikum. Lesen Sie wohl!

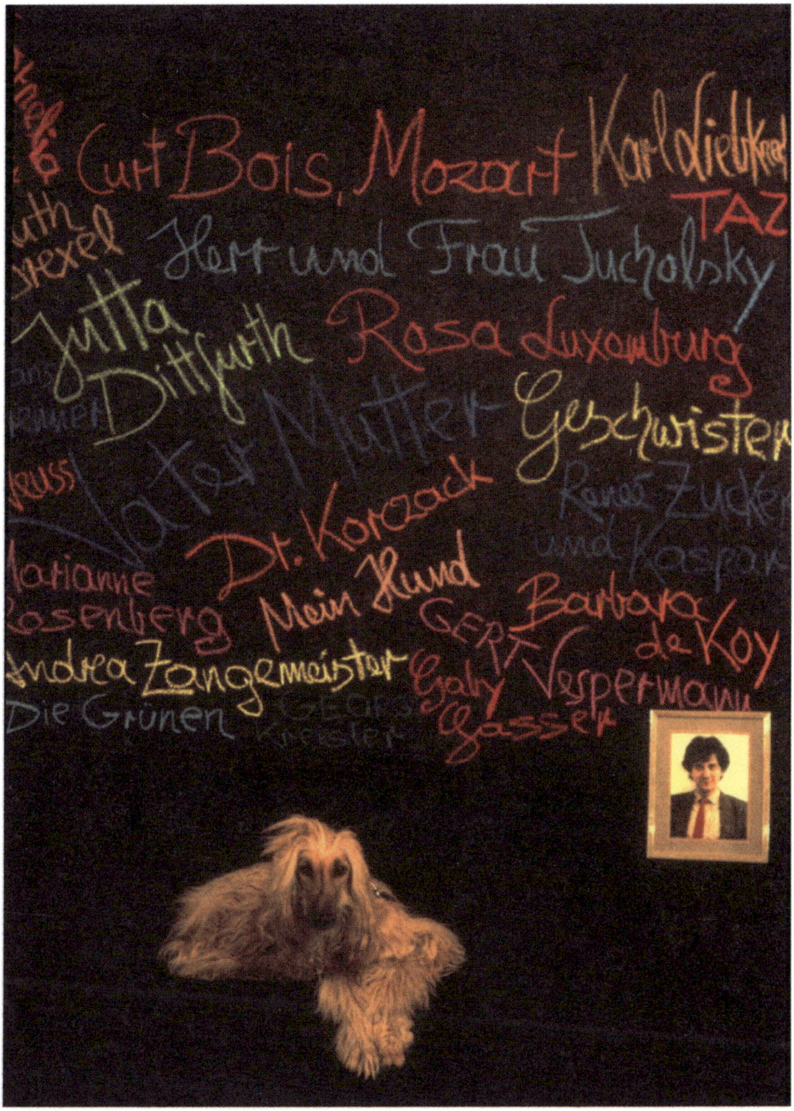

Dr. Korzcak und das falsche «c»

Das war der erste Name, den ich malte. Mit einem «c» vor dem «k» – wie man sieht. Schon falsch! Was man nicht sieht, ist die tiefe Wut, die mich den Namen des polnischen Kinderarztes, Buchautors und Leiters des jüdischen Waisenhauses hatte auf die Mauer malen lassen. Fehlerhaft. Mit «c» eben.

Schuld daran war der Taxifahrer, mit dem ich auf der Fahrt zu Rittenbergs Atelier ins Gespräch gekommen war. Da er meinen Afghanenhund Aline als Mitfahrerin akzeptiert hatte, war er mir erst einmal sympathisch. Außerdem hatte er eine noch größere Nase als ich und pechschwarzes Haar. Leutselig hatte ich ihm erzählt, was ich gleich tun würde, und wollte den Taxifahrer mit meinem Amüsement über diesen Rittenberg anstecken.

Dummerweise war er schon mit einer Überdosis Zynismus unterwegs, so dass ich mich nicht gewundert hätte, wenn der Kerl während der Fahrt, sagen wir mal, zwei Nonnen mit der Bemerkung «zwei Pinguine weniger» überfahren hätte, ohne sich umzusehen. Vielleicht ein zu drastisches Bild? Mir fällt nichts anderes zu seinen Bemerkungen ein. Denn nicht die Tatsache, dass ich einem Fotografen gleich ein paar Namen auf die Wand malen sollte, brachte ihn zum Lachen. Erst, als ich auf seine Frage: «Und? Welchen Namen werden Sie zuallererst hinschreiben?» antwortete: «Ich glaube, Korczak!», fragte er noch einmal nach, wie jemand, der schon im Begriff ist, über eine Pointe lachen zu wollen:

«Korczak?»

«Ja. Den Kinderarzt.»

«Ha!» Nun lachte er aus vollem Hals. «Warum nicht gleich Jesus? Wenn Ihnen schon nach Märtyrern ist!»

«Ich weiß nicht ganz, worauf Sie hinauswollen! Dieser Kinderarzt wollte die jüdischen Waisenkinder nicht alleinlassen.

Hatte ihnen versprochen, sie auf dieser ‹Reise› nach Treblinka nicht im Stich zu lassen und ist mit ihnen dann freiwillig ins Gas ...»

Der Taxifahrer ging vom Gaspedal runter, bremste sanft, sagte: «Zwölf Mark fünfzig, bitteschön. Brauchen Sie eine Quittung?»

Fast neutral fragte er das. Routine des Taxifahrers. Ignorierend, dass ich, den Geldschein und ein Silberstück ihm auf sein Polster werfend, sprachlos die Tür wohl offen gelassen hatte, da ich noch hörte, wie er rief:

«Nehmen Sie doch meinen Namen! Ich heiße Stanek Proczinsky! Ich bin auch ein Märtyrer! Ich muss zum Beispiel Leute wie Sie herumfahren! Übrigens: Korczak – hinten immer ohne mit ‹c› vor dem ‹k›.» Er lachte noch mal laut, dann gab er Gas.

Und ich stieg wutentbrannt die Stiegen hoch zum Rittenberg. Der hielt bereits lächelnd die bunte Kreide bereit. Worauf ich sie griff, über den Besoffenen stieg und mich prompt verschrieb:

Dr. Korczak – mit «ck».

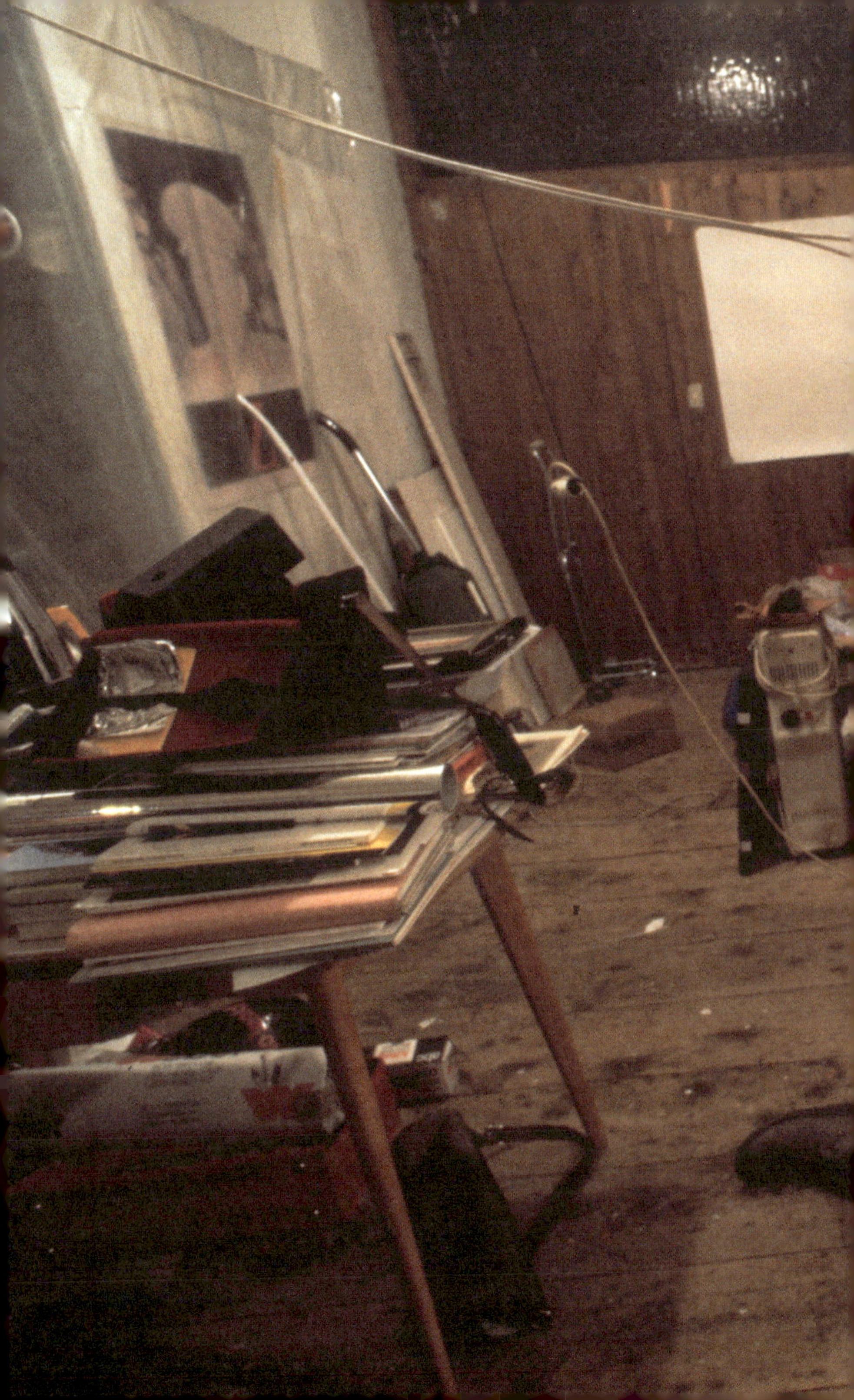

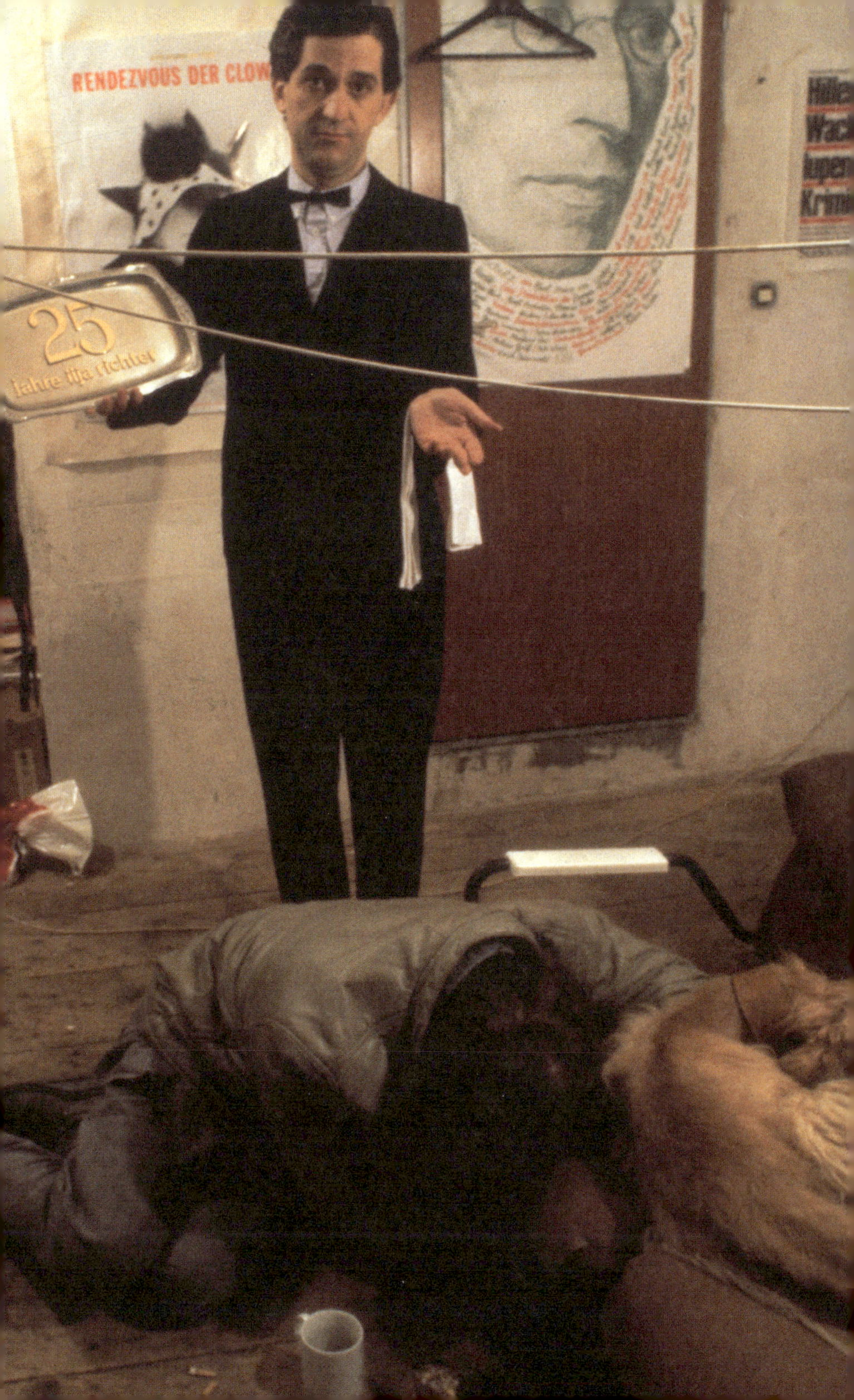
RENDEZVOUS DER CLOW
25
Jahre tija richter

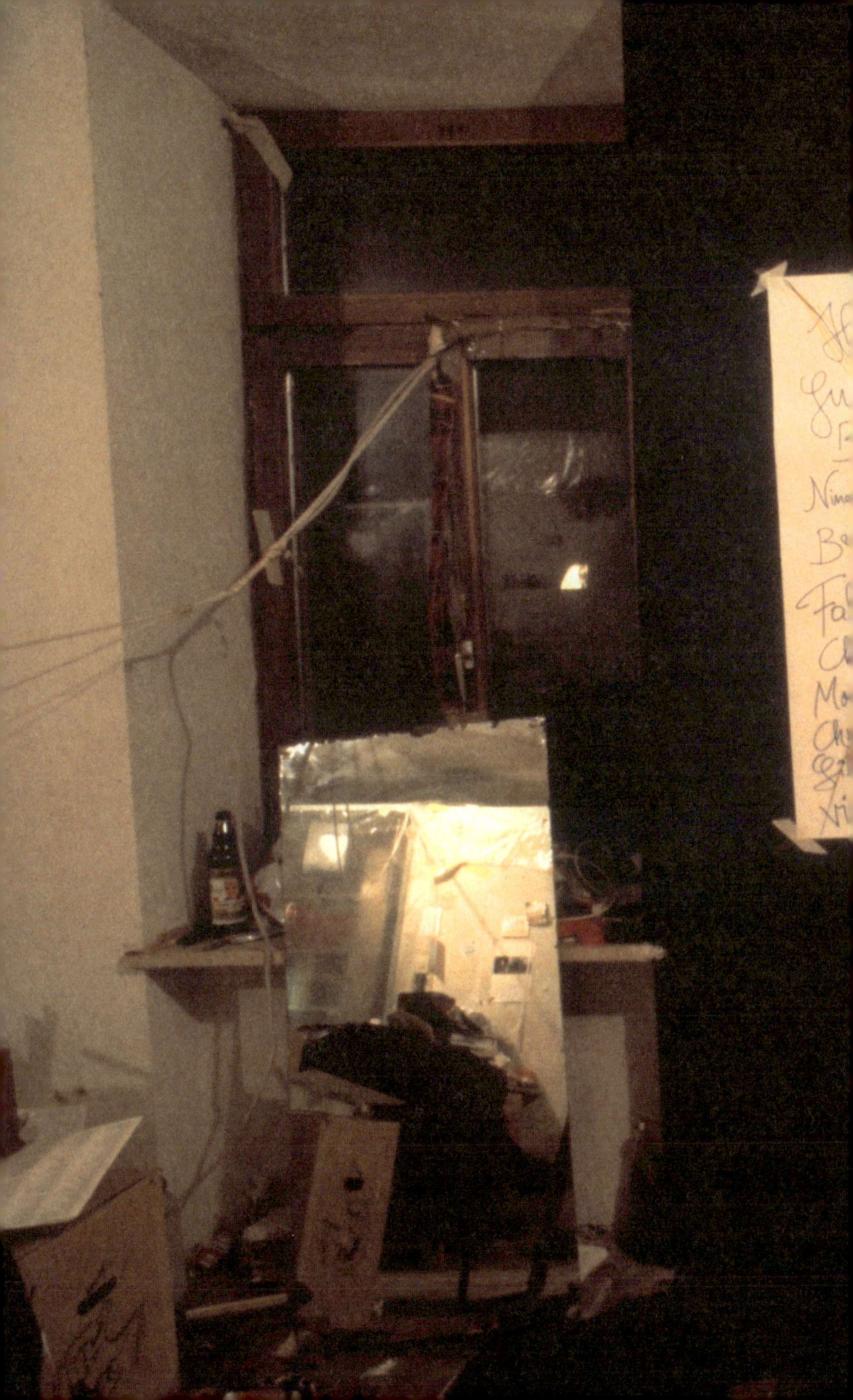

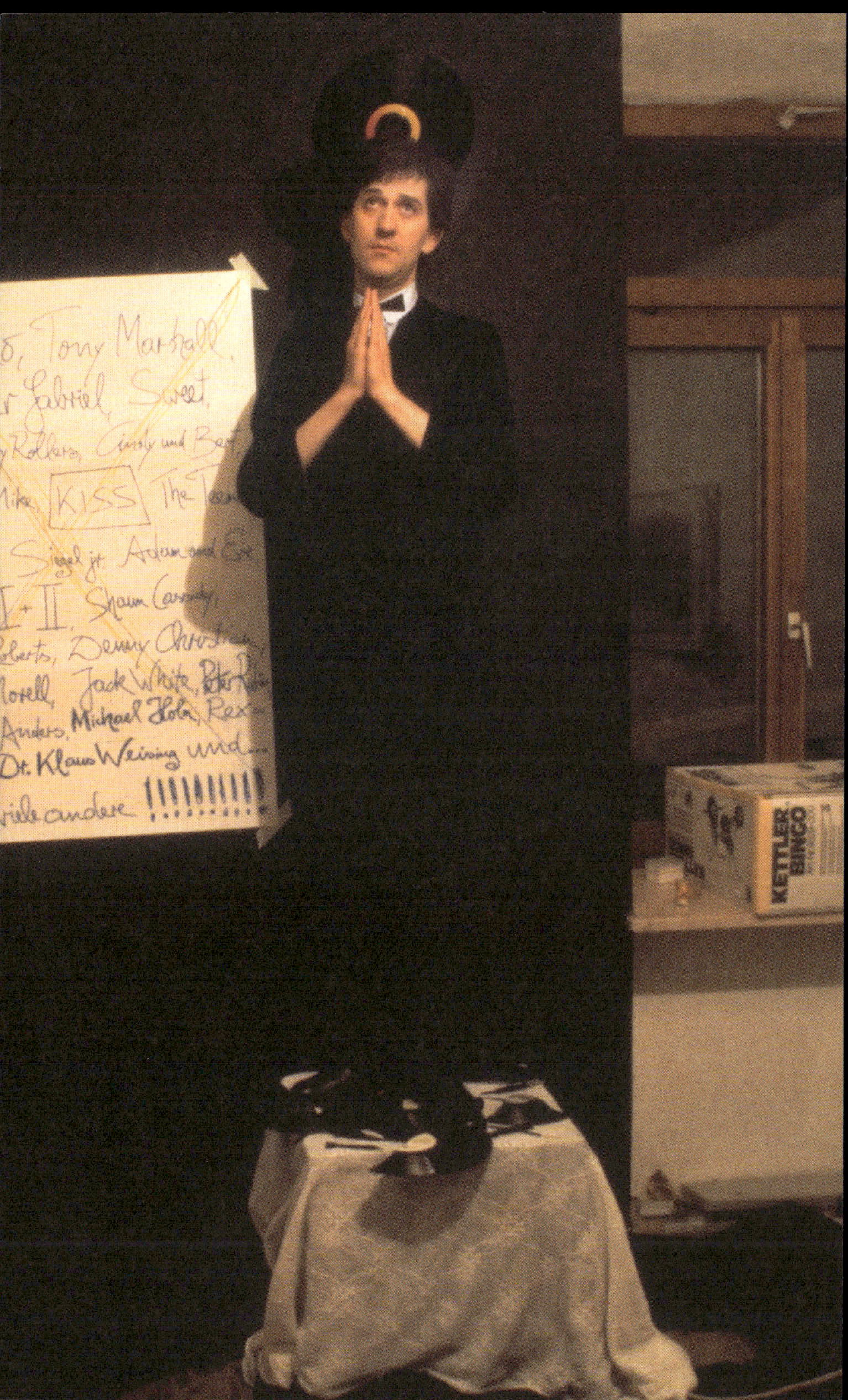
Tony Marshall,
Gabriel, Sweet,
Rollers, Cindy und Bert,
Mike, KISS
Siegel jr. Adam and Eve,
Shaun Cassidy,
Denny Christian,
Jack White,
Anders, Michael Holm, Rex
Dr. Klaus Weising und...
viele andere !!!!!!!!
KETTLER BINGO

Schlafen Sie gut, Frau Tucholsky!

Was ich dem deutschen Schlagerhimmel schuldig blieb

Es wird Zeit für eine Abbitte. Denn Dummheit zu erkennen und sie dann auch noch zu präsentieren, war opportunistischer als die dummen Schlager selbst. Helene Fischer glaubt an das, was sie singt. Ich aber glaubte, man würde nicht merken, woran ich nicht glaubte … Also werde ich eine Entgiftung meiner Schlagerzeiten vornehmen. Denn Tony Marshall oder Michael Holm hassen mich dafür, dass ich sie nie mochte.

Wenn doch aber selbst ein Kurt Tucholsky mit manchem Pseudonym vor seinen selbst fabrizierten Schlagern in Deckung ging, weil Rudolf Nelson, der Revue-Produzent, so gute Honorare zahlte oder Operettendiva Fritzi Massary den Armen in ihrer Villa einsperrte, bei bester Verpflegung, und ihn erst wieder zu «befreien» versprach, wenn das Couplet fertig war, tröstet mich das.

Wurde ich selbst auch nie ein Tucholsky-verdächtiger Dichter, lobte seine Frau Mary Gerold-Tucholsky eines Tages mit einer Widmung den damals immer noch verdammt jungen Richter. Jetzt – mit siebzig – gestatte man mir das «Name-dropping». Im Alter auf den eigenen Unsinn schauend, tröstet mich Frau Tucholskys Hinweis, als ich ihr meine leicht ironische Single schickte, mit der ich die idiotischen Stimmungslieder zu verulken versucht hatte. «Tra La La Humpa Bum Bing».

Darauf schrieb sie mir in ein mir zugesandtes Tucho-Buch, «Warum lacht die Mona Lisa?»:

«Für Ilja Richter», und verwies auf Seite 28:

«Horch, die schöne Melodie:
‹Tralahüh – lahü – lahi!›
Dumpf tönts von der Kegelbahn – – –
… Was hast du am Tag getan –?»

Denn ob Sie es glauben oder nicht: Die Frau von Kurt Tucholsky, Mary Gerold, sah ab und zu im ZDF meine «disco» – seit ich sie 1980 in ihrem kleinen Holzhaus in Rottach-Egern besucht hatte. Zwei ihrer mir geschenkten Bücher mit persönlicher Widmung hüte ich seitdem auf das Beste.

«Tuchos Freunde sind auch meine Freunde. Also kommen Sie!», hatte sie am Telefon zu mir gesagt. Ich betrat also ihr Haus mit einem kurz zuvor in Los Angeles erworbenen Cowboyhut, den zu tragen ich sehr stolz war als junger Mann. Die etwas kurzsichtige alte Dame hielt den Hut aus der Ferne für einen Damenhut und sagte deshalb: «Wie schön, Sie haben Ihre Freundin mitgebracht.»

«Nein», sagte ich. «Nicht mal meine tolle Tante.»

Ihre Haushälterin hatte Kuchen gebacken. Sie sei übrigens ganz aufgeregt über meinen Besuch, sagte Frau Tucholsky: «Ich wusste ja am Telefon gar nicht, wie berühmt Sie sind …»

Darauf ich: «Gnädige Frau – Ihr Mann ist berühmt. Ich bin nur bekannt. Aber ein Liebhaber seiner Bücher!»

Doch nun zur Liebe des Ehepaars Tucholsky. Nicht zufällig nannte er, der immer die Nähe suchte und doch nur Entfernung kannte, diese komplizierte, aber tiefe Liebe zwischen Mary und ihm: «unser ungelebtes Leben».

Hier aus einem seiner ersten Liebesbriefe ein – zugegeben – indiskret anmutendes Zitat; aber seine Ehefrau hat diese Briefe ja nun mal 1980 zur Veröffentlichung freigegeben.

«Gibst du dich keinem? Bist du nur blond und kühl? Demütigt dich ein starkes, heißes Gefühl? Wir sind allein.», schrieb Tucholsky an die schöne Baltin, 1918 war das. Aber im letzten Brief, 1935, aus dem schwedischem Exil, heißt es: «Hat einen Goldklumpen in der Hand gehabt und sich nach Rechenpfennigen gebückt; hat nicht verstanden (…). Nun kommt alles wieder, Bilder, Worte, diese unsäglichen nuits blanches, die ich mir völlig bis auf den heutigen Tag nicht erklären kann, daß ich es zu hoch angefangen habe, so daß jede Berührung mit der

Erde wie eine Entweihung war (…). Es war wie Glas zwischen uns – ich war schuld.»

Schlafen Sie gut, Frau Tucholsky!

Ihr Foto steht auf mei'm Regal.
Die Biografen schauen zu wenig auf die Frauen.
Bei Genies ist dies den Herr'n meist egal.
Was wäre der Mann Kurt Tucholsky
ohne so eine Frau wie Sie?
Seine Briefe aus dem Schweigen
im Exil
an Sie, die zeigen seine ungelebte Lebensmelodie.
Kurt Tucho bleibt mein Herold.
Aus der Ferne, Mary Gerold,
liebte er keine aus der Nähe so wie Sie.

Ist er jetzt treu, Ihr Tucholsky?
Im Sternenmeer, wo nichts mehr klemmt?
Mit Ihnen als Zentralweib?
Oder ist ihm als Astralleib
so ein körperloses Fremdgehn jetzt zu fremd?
Schlaft gut, Ihr Kästners, Tucholskys,
Gilberts,
Hollaenders,
Wedekind.
Schau ich kindlich in die Sterne,
hab im All ich alle gerne,
die die Schwere endlich losgeworden sind …

Kurt Tucholskys Lebenstreppe in drei Worten:

Schweigen»
Schreiben –
«Sprechen –

Was sind letzte Worte vom großen Tucholsky
gegen das letzte Tor vom großen Podolsky?
Was ist Richard der Dritte, von mir gespielt,
im Theater, gegen ein Kind in Rang Mitte,
das ruft: «Hakuna Matata»?
Walt Disney wird nie aus ew'gem
Eise befreit.
Selbst am König der Löwen nagt der Löwenzahn
der Zeit …
Hakuna Matata – Dieses Wort hör ich gern,
Hakuna Matata ist stets hochmodern.
Es heißt: Die Sorgen bleiben uns immer fern.
Niemand nimmt uns die Philosophie:
Hakuna Matata …

Und so wurde ich dank meiner Stimme der unsichtbare Star in den Kinderzimmern dieser Republik. Denn neben «Hänschen Klein» und «Alle meine Entchen» singen Eltern den Kindern seit 1995 «Hakuna Matata» in die Öhrchen.

Aber was wir den Kindern einträufeln, ist ja auch nichts weiter als das «Tralahüh-Lahü-Lahi», das uns über die dämliche Bowlingbahn zurück in die eigene Kindheit kegeln soll. Ein sinnloses Unterfangen. Denn der Mensch ist ein sentimental zurückblickendes Tier und glaubt immer wieder mal, etwas entdeckt zu haben, aber …

Es gibt keinen Neuschnee

Es folgt der absolut nicht satirische Text meines Lieblingssatirikers Kurt Tucholsky:

«Wenn du aufwärts gehst und dich hochaufatmend umsiehst, was du doch für ein Kerl bist, der solche Höhen erklimmen kann, du, ganz allein –: dann entdeckst du immer Spuren im Schnee. Es ist schon einer vor dir dagewesen.

Glaube an Gott. Verzweifle an ihm. Verwirf alle Philosophie. Laß dir vom Arzt einen Magenkrebs ansagen und wisse: es sind nur noch vier Jahre, und dann ist es aus. Glaub an eine Frau. Verzweifle an ihr. Führe ein Leben mit zwei Frauen. Stürze dich in die Welt. Zieh dich von ihr zurück …

Und alle diese Lebensgefühle hat schon einer vor dir gehabt; so hat schon einer geglaubt, gezweifelt, gelacht, geweint und sich nachdenklich in der Nase gebohrt, genau so. Es ist immer schon einer dagewesen.

Das ändert nichts, ich weiß. Du erlebst es ja zum ersten Mal. Für dich ist es Neuschnee, der da liegt. Es ist aber keiner, und diese Entdeckung ist zuerst sehr schmerzlich. (…)

Am merkwürdigsten ist das in der Einsamkeit. Daß die Leute im Getümmel ihre Standard-Erlebnisse haben, das willst du ja gern glauben. Aber wenn man so allein ist wie du, wenn man so meditiert, so den Tod einkalkuliert, sich so zurückzieht und so versucht, nach vorn zu sehen –: dann, sollte man meinen, wäre man auf Höhen, die noch keines Menschen Fuß je betreten hat. Und immer sind da Spuren, und immer ist einer dagewesen, und immer ist einer noch höher geklettert als du es je gekonnt hast, noch viel höher. (…)»

Neuschnee

Mein Lied für «Tucho»

Ob du über den Atlantik fliegst –
oder den Kanal durchschiffst –
irgendwer schiffte schon vor dir – und Gott weiß wer.
Wenn du als Wanderer wen triffst –
wo der Pfeffer wächst –
sagen wir, Samoa, sag zunäxt
Einfach «Aloha».
Denn du kannst noch so lästern –
der Schnee fällt von gestern –
auf unsere kranke Welt.
Selbst die Antarktis arg entstellt.

Über allen Gipfeln ist nur Unruh –
warte – auch du
wirst – wo auch dein Zug hält,
durchgegoogelt.
Selbst im Himalaya stehst du
nackt und gläsern da.
Getürktes Gebürg gilt allemal
als glaubhafter sogar – denn
der Fake ist das Ziel – nicht das Original,
und jeder Soldat fällt als Held in Schnee,
der schon mal war.

Herr Böhmermann, wo lassen Sie schreiben?

Denk ich an Deutschland in der Nacht, fällt mir immer wieder auf, dass Tucholsky Satire schrieb, auch darüber schrieb, was sie dürfe – «alles» nämlich –, sich aber selbst nie Satiriker nannte. Daran erkennt man wahrscheinlich den wahren Satiriker. Jan Böhmermann zum Beispiel ist keiner. Auch wenn er Preise in dieser Kategorie in Empfang nimmt. Wer will ihm das verdenken! «Wenn man dir gibt: Nimm! Wenn man dir nimmt: Schrei!» (Altes jüdisches Sprichwort.)

Nun können wir nicht erwarten, dass Gepriesene ihre Preise auf Zuruf zurückgeben. Von Juroren und Pressefachleuten erwarte ich aber, dass sie die einzelnen Fächer unterscheiden können. Können sie aber oft nicht. Heutzutage wird ein bloßer Tabubruch durchaus als satirisches Mittel eingestuft. Wie zum Beispiel bei jenem Schmähgedicht 2016 auf Erdoğan.

Schnee von gestern. Ich weiß. «Es gibt keinen Neuschnee», schrieb Tucholsky mehr melancholisch als komisch vom Problem des Einmaligen, das so schwer zu erreichen sei, weil immer schon vor dir bereits einer seine Fußstapfen in den Schnee gepresst habe. In welche Fußstapfen wollen unsere Böhmermänner im TV treten? Diese nicht selten vorab die Pointe belachenden Comedians. Viele wollen wie Harald Schmidt sein. Aber wer Schmidt sein wollte, weiß er vielleicht selbst nicht so genau.

Das Zwiespältige ist mir aber sympathischer als das sich selbst Belachende. Vom Prekariat-Lieferando Mario Barth bis hin zum zarter besaiteten Jan lachen sie beim Pointensprechen, noch bevor wir es tun. Oder auch nicht.

Meine ungebildete, aber berlinisch mutterwitzige Mama pflegte in solchen Fällen Willy Rosen zu zitieren: «Und dann kommt der Vorfilm ‹Der Spreewald bei Nacht›. / Das is ja sehr scheen, aber keen Aas lacht.»

Furcht und Elend des Comedian im TV-Reich. Kenn ich. Dennoch: Da war mir in den 1990ern das Pokerface von Herbert Feuerstein, nach außen hin der Depp, in Wirklichkeit aber das Autoren-Superhirn von «Schmidteinander» in der ARD, schon lieber. Als das große Geld der Privatsender winkte, hat Dirty Harry seinen guten Geist nicht mitgenommen. «Das Mündel will Vormund sein», hieß mal ein Stück von Handke. Die Folge bei wöchentlichen Show-Folgen? Ghostwriter und Gagschreiber. Das alte amerikanische TV-Prinzip: «Sag mir, wie viele Gagschreiber du hast, und ich sage dir, wie berühmt du bist», ist ja längst im deutschen TV-Humoristenbetrieb angekommen.

Zugegeben, ich beneide die Freiheit der Macher in den Fernsehsendern bezüglich dessen, was da heutzutage alles geht. Max Uthoff und Claus von Wagner zeigen uns immer wieder in «Die Anstalt», was politisches Kabarett kann: Persönlich! Aber nie peinlich. Und das im einst fast satirefreien ZDF.

Wo in den 1970ern Dieter Hildebrandt einmal zu viel den Medienkaufmann und wichtigsten Geschäftspartner der blutjungen Mainzelmännchen, Leo Kirch, verulkte und zum Sender Freies Berlin wechselte. Berlin war zwar damals nicht frei und dennoch freier im Umgang mit Satire als Intendant Stolte in Mainz. So bekommt die damals gekippte Hildebrandt-Sendung und deren Titel «Notizen aus der Provinz» noch einmal eine ganz andere Bedeutung.

Heutzutage geht viel Gutes unter – denn die Betroffenen aus Politik und Wirtschaft sitzen längst nicht mehr bei Kabarett-Sendungen im Parkett. Nur noch bei Karnevalssitzungen. Da lachen sie mit und in die Kamera – weil sie es weglachen müssen; bei Böhmermann und Co. warten die üblichen Verdächtigen einfach ab. Das versendet sich.

Hildebrandt durfte im Ersten Programm zum Beispiel über Bayerns damaligen Ministerpräsidenten Franz Josef Strauß Sachen sagen wie: «Ich habe etwas gegen Radikale im öffentlichen Dienst.» Heute dürfte das auch ein Böhmermann!

Tut er auch. Manchmal. Aber mehr albern als scharf sind die Kabarett-Enkel Hildebrandts und, was die Wahl der Waffen betrifft, eher mit dem Hammer als mit dem Florett unterwegs ins Nichtssagende.

«Und das schreibt ausgerechnet die Legende der Albernheit der siebziger Jahre» – dürfen meine Kritiker sagen. Müssen Sie sogar. Denn da, wo ein «disco»-Sketch aufhören musste, weil Satire verboten war, darf ein Böhmermann im selben Mainzer Sender heutzuabend entschieden weitergehen. Und das ist gut so! Ungut, wenn der Jan mit den großen Preisen im schmalen Rücken moralisch wird. Sich gar empört. Empörung an Stelle von doppelbödigem Humor zu produzieren war schon immer leichter. Böhmermanns Schmähgedicht auf Erdoğan hätte in seiner plumpen Eindimensionalität gerade mal für den Verweis des Klassenlehrers an den Pausenclown gelangt. Stattdessen gab's den Grimme-Preis 2016.

Was Satire auch immer darf, der Satiriker darf nie «schreiben lassen». Vielleicht war Schmidt zum Zeitpunkt seiner «Late-Night-Shows» gar kein Satiriker, wollte es vielleicht auch gar nicht sein. Heute aber ist er es eher. Schriftlich. Als Autor. Und: allein. Seit er keine Fernsehshows mehr macht! Ausgenommen seinen bezahlten Urlaub auf dem «Traumschiff» mit kurzer Gesichthinhalteverpflichtung.

Dieser großartig im Abgang wie ein edler Wein sich selbst hinweg Kredenzende weiß, wie man abgehen muss. Ich sehe sein Comeback in einer neuen Show mit einer alten Pointe schon vor mir: «Meine Damen und Herren, haben Sie schon gehört? Jan Böhmermann hört auf! (Kleine Pause) ... Womit?»

Wahrscheinlich funktioniert die Pointe aber wohl doch nicht mit dem kleinen Jan, sondern eher mit der großen Claudia Schiffer, auf die diese Pointe ursprünglich gemünzt war. Damals bei Schmidt hat sie funktioniert. Schade. Dabei steckt ja hinter diesem von mir hier umgeschriebenen Gag doch eine gewisse Parallele: Schiffer und Böhmermann – Top-Model und TV-«Satiriker». Beide tragen Stoffe vor, die nicht von ihnen sind.

Noch einmal: Der Satiriker ist allein. «Allein wie eine Mutterseele» muss er sein, wenn ich diese Zeile eines einsamen Wortgiganten, Georg Kreisler, aufgreifen darf. Mutterseelenallein muss er. Dann darf er.

Im Team? Macht man Fernsehen. Auch Satire-Magazine. Sogar gute. Manchmal. Aber der Gastgeber selbst ist deshalb eben noch lange kein Satiriker, wenn er Satire nur vorträgt oder im Team bearbeitet, bis das Ganze «sendetauglich» ist.

«Aber begreif doch, Ilja», sagen mir wohlmeinende Freunde, «dein einsamer Satire-Wolf ist Feuilleton von gestern. Böhmermann-Fans lesen gar keins. Dein Tucho ist ihr Jan!»

Mag sein.

Tucholsky, der Mann, der 1919 schrieb, dass Satire alles dürfe, rügte in der «Weltbühne» 1932 die radikale Links-Presse, weil diese den SA-Chef Röhm mit Witzen zu seiner Homosexualität schmähte, mit der noch heute für mich gültigen Regel für Satiriker: «Zunächst soll man seinen Gegner nicht im Bett aufsuchen.»

Auch nicht in Schmähgedichten.

Apropos Bett. Frei nach Werner Schneyder: «Schlafen Sie gut, Herr Tucholsky.»

Henning Venske

In 80 Jahren um die Welt

Um die deutsche Welt! Fern von Jules Verne hattte Henning Venske der literarischen Welt zu seinem 80. Geburtstag einen insgesamtdeutschen Anti-Reiseführer geschenkt, in dem ich immer wieder gerne blättere. Ich liebe Hennings Sicht auf Städte, die man sich knicken kann. Nach der Lektüre wusste ich als alter Berliner sogar geographisch mehr über mein «Bärrrlin»:

«Großberlin hält sich für den Nabel der Welt. Obwohl es praktisch in Polen liegt, hat man die Stadt aus vorwiegend sentimentalen Anwandlungen wieder zur Hauptstadt ernannt, anstatt den zentraleren und zivilisierteren Varianten Mannheim, Kassel oder wenigstens Pforzheim den Vorzug zu geben.»

Dieser Mann hat mit seinen bissigen Bemerkungen über meine Stadt, die «von einem Damenfriseur (Walz) und einem Herrenschneider (Joop), die in Berlin als Leuchttürme des Geistes durchgehen», eines garantiert nicht: einen Koffer in Bärrrlin; eher Atteste über noch ganz andere Städte, die erkrankt sind. (Kleine Randbemerkung: Dass der Promifriseur mittlerweile verstorben ist, nimmt Venskes Satire nichts von ihrer Lebendigkeit.) Joop beiseite, schlagen wir nach den Giftpfeilen auf Berlin nun einmal nach, was der Autor über Köln zu schreiben hat – jener Stadt, in der ich Schreiben und Lesen gelernt habe, weshalb ich trotz ewiger Dankbarkeit für meine Lehrerin, Frau Kau, dennoch gern bei Venske las, dass Karneval in Köln «einen Aufenthalt zu einer schweren Strafe» wegen «nazinahem Stammtischgelaber bei sogenannten Prunksitzungen» machen könne. Keine Ahnung, wie ich nach diesem vernichtenden Zitat bei zukünftigen Lesungen in dieser Stadt lebend wieder herauskomme …

Und Mainz?

Da könne man, schreibt Venske, dank des ZDF und der Liveübertragung der «Fassenacht» mit ansehen, «was der Katholizismus aus ganz normalen Alkoholikern macht: Die totale Totalität schunkelt einen nieder». Selbst der westfälische Karneval im Münsterland unterscheide sich «nur wenig von den Fronleichnamszügen». Der Norden kommt etwas besser davon. «Die Kirche liefert in Hamburg keine Motivation, in die Kirche einzutreten, in München aber tausend Gründe, auszutreten.»

Venskes Buch könnte aber auch als Schulbuch für Geschichte eingesetzt werden und lässt erahnen, was aus dem spröden Kabarettisten für ein beherzter Pädagoge hätte werden können. Wenn er, fern der alten Pauker, die Pauke der Albernheit bedient:

«Friedrich Barbarossa hatte, um Kaiser zu werden, erstmal den eigentlichen Thronfolger ausgetrickst, danach gelangen ihm einige Strukturreformen, er führte Reichssteuern ein und schuf eine Berufsarmee, um überall auf der Welt schnell intervenieren zu können. Eines Tages war ihm heiß. Er badete in einem See und ertrank, vermutlich, weil er vergessen hatte, vor dem Baden seine Rüstung auszuziehen.» Über diese Pointe hätte auch Heinz Erhardt gelacht. Der war ein Fan von Venskes Radioshows und schrieb ihm: «Bleiben Sie so, wie Sie sind, und ärgern Sie sich nicht darüber, dass man Ihnen, so wie mir, immer Kalauer vorwirft.»

Meine Lieblingspassage ist die vom tanzende Kanzler Kohl auf dem Bonner Presseball:

«Auf platten Füßen schlurfte er rücksichtslos durch den Saal, immer wieder andere Paare anrempelnd, und führte dabei eine zierliche Asiatin im Genick. Slowfox. Das war also die Evolution, das war aus den germanischen Kriegstänzen geworden, so mussten Gavotte und Menuett enden, hier fanden Polka und Galopp ihre Endstation. Ein Tänzchen mit dem Kanzler kann monatelange intensive politische Bemühungen ruckzuck zunichtemachen.»

Als Geschichtslehrer hätte sich Venske sicher mit seinem Rektor angelegt, wenn er schreibt: «Die Geschichte ist ein eher zweifelhaftes Geschenk deutscher Philosophen an die Menschheit. Ich behaupte: Geschichte ist die Sinngebung des Sinnlosen im Nachhinein.» Wenn Phantasie – laut Einstein – wichtiger als Wissen ist, bietet Venske ein phantasievolles Buch über grenzenloses Nichtwissen unseres Landes, das vom Adler nicht loskommt. «Ein Dackel oder ein ausgestopfter Wellensittich namens Hansi hätte es doch auch getan.»

Kohl verpasst er im Traum eine Bauchbinde: «Ich bin zwei Deutsche.» «Und das in aller Ernsthaftigkeit», wie es «der Architekt der Deutschen Einheit» formulierte, wenn er mal wieder Mist gebaut hatte. Und ganz im Hier und Jetzt, bekennt Venske über die jungen angepassten Studenten, sie trotzdem zu mögen. «Ich mag sie, weil sie nicht so radikal rebellisch sind wie Rentner.» Dieser 80-Jährige ist einfach zu wenig von gestern für diese Leute von heute.

Und was Satiriker von heute angeht: Es gibt sie! Die schreiben ohne große Anstalten ihre Texte noch selbst. Die anderen schreiben, wenn sie Glück haben, anstandslos fürs ZDF.

Die von mir auf Seite 34 gestellte Frage «Herr Böhmermann, wo lassen Sie schreiben?» würde ich jetzt abwandeln. Ich hatte einfach nicht bedacht, dass sich die alte TV-Regel für Komiker über Ruhm und die Anzahl der Gagschreiber mittlerweile auch auf Satiriker bezieht.

Warum auch nicht? Wenn unterm Strich Satire herauskommt, ist das immer noch besser als gar keine im TV. In meiner Sendung war sie damals verboten! Die Regeln lauteten: Nichts gegen die Kirche, Parteien, Ehe und schon gar nichts, was Sie schon immer über Sex wissen wollten.

Dazu noch Folgendes:

«Sexuell sind junge Leute heute übrigens nicht so aufdringlich, wie es die Jugendlichen der sechziger und siebziger Jahre im letzten Jahrhundert waren. Erhebungen zufolge vögeln sie am liebsten allein, einmal pro Woche, in der Kabine von Fitness-Studios. Sie nerven auch nicht mit übertriebener Gelehrsamkeit, weil sie wirklich nur solche Bücher lesen, deren Kenntnisse sie im Examen nachweisen müssen.»

Ist das nicht ein fabelhafter Text?

Eines muss man mir lassen: Etwas von Venske schreiben – das kann ich.

Das ist der Böhmermann in mir.

Der Verlag fragt nach

Elsinor Verlag, Coesfeld, Telefonat mit Ilja Richter (Audioaufzeichnung vom 6. Juni 2022)

PAGO Ihre Fotos sind angekommen. Danke. Diese ganzen Namen da an der Wand sind ja sehr persönlich …

RICHTER Hab ich selber geschrieben. Mit Schulkreide! Ist Ihnen das zu infantil?

PAGO Im Gegenteil. Ist mir zu wenig kindlich, Ihr Erinnern an die Kindheit.

RICHTER Richters Kinder hatten keine. Weder meine Schwester Janina noch mein Bruder Michael.

PAGO Und Jugend?

RICHTER Fand bei mir im Fernsehstudio statt.

PAGO Aber mit jedem dieser Namen wird quasi ein Gewehr an die Wand gehängt. Und jedes muss dann aber auch tatsächlich losgehen …

RICHTER Ein schönes Bildungs-Bonmot, Herr Doktor. Bringt uns das weiter?

PAGO Lassen Sie bitte den Doktor weg.

RICHTER Mach ich, Herr Doktor. Aber Ihr Gleichnis mit den Gewehren …

PAGO Ist nicht von mir, sondern von Tschechow und Stanislawski.

RICHTER Halten die Leute vielleicht für russische Generäle …

PAGO Mein Verlag hat ein kleines, dafür feines Stammpublikum …

RICHTER Und ich habe immer an die Klugheit des Publikums geglaubt.

PAGO Zu Glaubensfragen kommen wir noch. Bleiben wir bei den Namen. Wer wie Sie Rosa Luxemburg und Marianne

Rosenberg an eine Wand schreibt, muss sich Fragen über Verhältnismäßigkeiten schon gefallen lassen.

RICHTER Sagen wir mal so: Die Luxemburg bewunderte ich. Die Rosenberg liebte ich; fünf Jahre lang.

PAGO Und Jutta Ditfurth?

RICHTER Adlig und trotzdem hellsichtig. Von da an wählte ich die Grünen.

PAGO Mit Liebe zu Parteiprogrammen wird's für die Leser aber auch nicht spannender. Übrigens nicht nur Korczak, auch Ditfurth ist falsch geschrieben. Nicht mit Doppel-«t».

RICHTER Dafür sind die Rechte an den Fotos kostenfrei – hat Rittenberg mir geschenkt.

PAGO Und wirklich zu allen haben Sie eine Geschichte parat?

RICHTER Klar. Soll ich mit dem Hund anfangen?

PAGO Nein, der ist ja nun hinreichend erkennbar.

RICHTER Und die Liebesgeschichte, die an ihm hängt, wollen Sie nicht hören?

PAGO Doch, doch, her damit!

RICHTER Sachte, sachte, Dottore. Zunächst Vorhang auf für die Komiker!

Hallervorden

Er muss immer weitertanzen

Hallervorden ist von einer extremen Empfindlichkeit und Dünnhäutigkeit. Ist unsere Freundschaft einmal in Gefahr, bietet er ein neues Projekt an. Das ist seine Form von Sympathiebekundung. Denn er würde nie mit jemandem auf eine Bühne gehen, den er nicht mag. Und jeder kleine Streit mit ihm entstand ja auch immer über ein gemeinsames Projekt, nie über das Persönliche.

Dieter definiert sich nur über die Arbeit! Über was sonst? Ich könnte es nicht beantworten. Was sollte das sein? Keine Ahnung! Ich vermute, dass es da vielleicht Dinge gibt, die nichts mit seinem Beruf zu tun haben, aber dazu müsste man ja näher an ihn herankommen. Und das ist immer sehr schwer. Ich gebe mal ein Beispiel.

Wir hatten uns ein halbes Jahr nicht gesehen. Diesmal nicht wegen einer Sendepause, sondern weil er so viel zu tun hatte und ich Stücke in seinem Haus abgesagt hatte. Und dann habe ich ihn vor Kurzem wiedergesehen und mich so sehr gefreut! Weil er es in Sekunden schafft, mit einem solchen Charme und einer solchen Verbindlichkeit Spaß aneinander zu erzeugen. Mit seinem unglaublich trockenen Humor, mit seiner Neugierde.

Wenn wir uns umarmen, weiß er genau, dass wir das wollen. Ich bin mit der Umarmungskacke und dem Küsschen-links und Küsschen-rechts und dem Zwangsgeduze in unserer Branche ansonsten nämlich recht unglücklich. Da haben wir eine gemeinsame Vorliebe: Wir beide duzen uns, aber wir duzen andere Kollegen selten, schon gar nicht gern benutzen wir das vermeintlich «kollegiale Du». Weil man Kollegialität erst herstellen muss. Und da ist das «Du» unter Schauspielkollegen, wie ich finde, eher eine Androhung, dass man gefälligst kollegial sein müsse, obwohl man in diesem Beruf immer nur ganz kurze Zeit miteinander zu tun hat und dann sternförmig auseinandergeht und sich nie wieder oder lange nicht mehr sieht. Deswegen leben wir in einem oberflächlichen und flüchtigen Beruf. Wir wollen zwar alle gerne in die Tiefe gehen. Aber das muss man können.

Hallervorden sagt, dass er bis heute nicht nur eben jene Tiefe, sondern auch eine große Wut in sich trägt. Wenn er das selbst über sich sagt, dann ist doch sein größtes Problem, dass seine Freude an sich selbst und an seiner Leistung ein unglaublich kurzes Verfallsdatum hat. Weil er einfach sehr große Schwierigkeiten hat, sich so zu freuen, dass wir uns als Kollegen alle mit ihm mitfreuen können. Weil er uns nicht wirklich mitnimmt. Und das hat sicher mit seiner Psyche und seiner Prägung zu tun. Er hat zum Beispiel einen Satz auf Lager, mit dem meine Theorie zu hundert Prozent belegt wird.

Wenn Dieter einen Preis bekommt, sagt er danach: «Jetzt wird's schwer …!» Und macht dabei ein bedenkliches Gesicht, nickt so vor sich hin. Er lacht dann nicht, er weint nicht. Worauf natürlich die obligatorische Frage folgt: Was denn, Dieter? Und dann wiederholt er seinen Satz mit einem Seufzen: «Jetzt wird's schwer …», oder auch gerne: «Was soll denn jetzt noch kommen?» Das ist immer der Moment, in dem die Freude, die er jetzt doch genießen und feiern müsste, wegfällt.

Er ist da das komplette Gegenteil von Roberto Benigni, der, als er den Oscar für seine Tragikomödie «Das Leben ist schön» bekam, tänzelnd über die Stuhllehnen zur Bühne balancierte.

Ich habe das als Achtzehn-, Neunzehnjähriger ebenso gemacht. Auch später. Trotz «Goldener Kamera», die als Preis den Schwermütigen à la Hallervorden belastet (Jetzt wird's schwer!), nehme ich Preise und Ehrungen so leicht, wie man sie nur nehmen kann; zum Beispiel als Briefbeschwerer! So viel zum Thema Leichtigkeit.

Bis jetzt bin ich um die Verleihung eines «Ehren-Bambis» herumgekommen. Bekäme ich ihn auf Grund meines Alters, nähme ich ihn trotzdem. Dem Ruf eines derart vergoldeten Sargnagels einfach trotzend.

Als Charly Chaplin, der wegen «unamerikanischer Umtriebe» in den USA Geächtete, 1972 den «Ehren-Oscar» entgegennahm, saß er im Rollstuhl und hat geweint. Als Blake Edwards, der exklusive Außenseiter der kultivierten Filmkomödie, diesen goldenen Glatze-Onkel bekam, rollte er bei der Übergabe im Rollstuhl direkt an der Trophäe vorbei. Großer Lacher, Applaus!

Das würde Dieter Hallervorden niemals tun. Eher brüskiert er bei der Entgegennahme des «Deutschen Filmpreises» 2014 für «Sein letztes Rennen» die Kritiker, weil sie ihn immer schon verkannt hätten, und stemmt seine «Goldene Lola» wie einen Speer in die Höhe. Das wiederum hätte Roberto Benigni nie getan. Der tänzelte.

Mir fällt Dieter Hallervordens Vater ein. Ein einfacher Mann, der beide Beine verloren hatte und dennoch unentwegt und mutig weiterarbeitete und lebte. Das muss seinen Sohn geprägt und bestärkt, ihm Ausdauer und die Kraft für unzählige Neuanfänge auf den Weg gegeben haben. Ein Vater ohne Beine, der aber trotzdem noch dynamisch war, auch wenn er nicht mehr so konnte, wie er wollte, der hinterlässt dem Sohn einen Schub. Denn der hat ja die Beine, die der Vater nicht mehr hatte. Mit denen muss er immer weiterlaufen und -tanzen und ist manchmal richtig erschöpft davon. Aber er muss weitermachen.

Alles mit den Beinen. Wie Curt Bois. Komiker. Was wir im Kopp haben, tanzen sie. Alle wahren Komiker sind Tänzer.

Ich mache alles mit den Beinen,
Alles mit den Beinen,
Lachen oder Weinen,
Alles mit den Beinen,
Selbst die heil'ge Liebe will mir so nur halb so heilig scheinen,
Ich kann ihre Peinlichkeit
mit meiner Beinlichkeit vereinen.

Friedrich Hollaender

Curt Bois

Alles mit links gemacht

«Mit fünf hatte ich mein Debüt und mit sechs dann mein Comeback», sagte der große Charakterschauspieler Curt Bois (1901–1991). Da war er siebenundsechzig. «Ich bin immer so alt wie das Jahrhundert», erklärte er mir, dem Knaben, um mir eine kleine Denkstütze zu geben; über sein Alter, den Lebensabschnitt eines Mannes, in dem ich mich jetzt zeitlich ungefähr aufhalte. In einer Probenpause tätschelte er väterlich meine Hand. Er, der nie Vater geworden war, aber nun auf liebevoll-kollegiale Weise den kleinen Jungen tröstete. Ich hatte meine erste künstlerische Krise. Er kniff nur leicht die Augen zusammen und raunte mir konspirativ zu: «Ilja, wir Kinderdarsteller müssen zusammenhalten!»

Aber ich will Sie nicht mit meiner Biografie aufhalten. Will nur sagen: Herr Bois war, als ich ihn kennenlernte, ein älterer Herr. Ein Gentleman. Wir kommen auf diesen Begriff – auf eine hoffentlich nicht zu alberne Weise – nachher zurück. Denn das Wort «Gentleman» bekommt im deutschen Sprachgebrauch schnell etwas Affektiertes, Albernes, Altmodisches. Dabei hatte die Form, wie Curt Bois mit Menschen umging, für mich immer etwas Vorbildhaftes. Bis zum heutigen Tag.

Und ich war zwölf, als ich ihn kennenlernte. «Feinde» und «Freunde» heißen zwei Einakter des Amerikaners Arkady Leokum. Im Berliner Schlosspark-Theater spielten Martin Held und Curt Bois die «Feinde». In «Freunde» war ich der bösartige Gegenspieler von Martin Held.

Held bewunderte ich. Bei Bois war es mehr. Ein paar Jahre vorher hatte ich im Theater des Westens meine unglückliche Knabenliebe zu Heidi Brühl erlebt – ich zehn, sie dreiundzwanzig. Bois kannte das. Eines Tages erzählte er mir von der Garderobiere im Theater des Westens, Frau Pfeffer. Sie saß an ihrem Arbeitsplatz, und Bois fragte sie, ganz höflich, ob er einmal seine Hand auf ihre Brust legen dürfe. Frau Pfeffer überlegte. Dann stimmte sie zu. Bois legte. In diesem Moment bog der Direktor um die Ecke. Curt Bois war sieben.

Dieses vertrauliche Gespräch zwischen Bois und mir trug sich im Frühling 1966 zu – gewissermaßen die Ruhe vor dem Sturm. Einem Sturm, der dann doch nicht so losbrach, wie sich das die Damen und Herren Revolutionäre der Bundesrepublik Deutschland vorgestellt hatten. Im Restaurant neben dem Schlosspark-Theater in Berlin-Steglitz, in dem wir probten und spielten, trugen die Kellner noch Frack. Zu dieser Zeit, also anno '66, war das mittlerweile schon eher die Ausnahme – in dieser ausnahmslos sich in ihrer Uneleganz noch weiter steigernden Epoche. Die 68er-Revolution hatte ja als Revolte immer das Pariser Modell im Auge. Man eiferte ihm nach. Man geiferte ihm nach.

Recht bald durfte ich feststellen, dass Herr Bois bei allem, was er so an linkem Gedankengut in die Debatte warf, immer ein Herr blieb – ein Gent eben! Ich glaube, dass sein Umgang mit Frauen – in Form und Inhalt – den sozialistischen Vorstellungen durchaus entsprochen hätte. Er hätte zum Beispiel zu den Stahlbaronen Krupp und Thyssen in diesem unvergleichlich sanft-schnarrenden Bois-Ton gesagt: «Meine Herren – darf ich Ihnen Ihre Fabriken abnehmen, um sie denen zu überlassen, die darin arbeiten?»; und in eben dem gleichen Ton einer schönen Dame sacht ins Ohr gehaucht: «Darf ich ...?» Und ihr dann elegant den Pelzmantel abgenommen. Ob nun Diva oder Nutte – Curt Bois war immer ein Herr, ein berlinischer Gent gewissermaßen. Der amerikanische Akzent kam erst später dazu. Doch einiges von diesem weltläufigen schnarrenden Sound, diesem weichen «R», war damals bereits zu hören: Als auf Berliner Bühnen zur Hoch-Zeit von Bois vor 1933 immer noch drei «R» gerollt wurden, anstatt zu unterspielen, und kräftig grimassiert wurde, anstatt Understatement zu geben, konnte man auch ihn sehen, den Understatement spielenden Klamotteur! Zum Charakterkomiker wurde er erst später. Wo Bois auf Berliner Bühnen auftauchte mit bourgeois-hübsch abgegucktem Styling, machte er alles. Aber er machte es mit links! Sowohl komödiantisch als auch ideologisch. Womit wir wieder beim Pelzmantel der schönen Dame und den Fabriken der weniger schönen Herren Krupp und Thyssen wären. Denn die Frau hätte ihren Pelz schon wiederbekommen vom Gent. Bei den Fabriken der hässlichen Herren bin ich mir da nicht so sicher. Rein hypothetisch natürlich. Denn erstens kam es anders und zweitens nicht, wie man gedacht.

Wie Bois dachte – noch dazu in jenen früheren Zeiten, so kurz vor der Machtergreifung der Nationalsozialisten – maße ich mir nicht an zu wissen. Ich stell' mir nur den Gent im Maßanzug vor. Auf einen gewissen modischen Chic legte er, so kann man es auf den Fotos deutlich erkennen, großen Wert. Dass der agile Berliner Komiker mit den lustigen Anglizismen – immer pendelnd zwischen Schwank und Revue – bald um sein Leben fürchten musste, ist aus den Fotos so gut wie gar nicht zu ersehen. Es lag was in der Luft, Luft, Luft ... Bei uns um die Gedächtniskirche rum ... So mit ihrem holden Duft, Duft, Duft ... Ab 1933 galt, um bei dem kraftmeierischen Schlager von der Berliner Luft zu bleiben, der Kalauer: «Der einzige linke Abend, der jetzt noch möglich ist, ist ein Lincke-Abend mit Paul.» Denn Hitler kam, und Paul Lincke machte die Musik dazu. Und viele andere taten's auch – von denen, die bleiben durften. Ich meine zum Beispiel die Kollos und andere künstlerische Kollaborateure. Bois erkannte die Zeichen der Zeit.

Wäre die vertrottelte und teilweise recht verlogene SPD der Weimarer Zeit rechtzeitig mit der verlotterten, stalinistisch gesteuerten KPD eine Saison lang geschlossen aufgetreten – die Nazis hätten keine Chance gehabt. Schon prozentual gesehen nicht. Und Bois hätte zur richtigen Stunde auch die passenden Songs gesungen, nicht nur Ernst Busch. Der linke Revolutionssänger, so habe ich es mir von Bois erzählen lassen, ist damals durchaus im Frack aufgetreten. Nach 23 Uhr! In sogenannten Salon-Revuen. Ob nun im feinen «Eden Hotel» (Jeden Sonnabend Gala-Abend) oder weiß der Geier – wo die Bourgeoisie eben den Charleston und den Shimmy tanzte … Auch Busch war durchaus für ein flottes Lied zu haben, aber nicht zu kaufen von irgendwelchen rechten Schmarotzern. Ich glaube, ich habe an Ernst Busch gedacht, als ich in den 1980er-Jahren das Chanson erfand: «Wer sagt Ihnen denn, dass ich im Frack keine Bombe hab!?» Rückblickend fällt mir dazu nur ein, dass es dann freilich eine sehr kleine Bombe hätte sein müssen.

Bois schmiss keine Bomben. Er roch die verdorbene Luft mit seiner intelligenten Nase – und floh. Nein, er war kein Revolutionär, aber er muss in diesen verlogenen 1920er-Jahren doch wohl ein ehrlicher Komiker gewesen sein, denn der Curt Bois, den ich anno 1966 kennenlernen durfte, war nicht über Nacht so eine Art Mensch geworden. Er war, was er blieb:

> «Immer so alt wie die Welt,
> aber nicht so grob wie die;
> zart von Gestalt; kein Genie,
> aber von genialischem Esprit.»

«Habe keine Bildung», sagte Bois, «habe nur ein großes Repertoire …»

Und so machte er es, um es mit dem vorangestellten Text von Friedrich Hollaender auf den grotesken Punkt zu bringen:

«Ich mache alles mit den Beinen,
Alles mit den Beinen,
Lachen oder Weinen,
Alles mit den Beinen ...»

Dieses Couplet sang Bois nämlich im Deutschen Theater Berlin in der Uraufführung von Fritz von Unruhs Komödie «Phaea», die Max Reinhardt 1930 dort inszenierte. Deshalb habe ich eine Standard-Antwort, wenn mich ein Radiosender anruft und zum Interview einlädt. Auf die Frage, was ich mir denn musikalisch wünschen würde, sage ich immer: «Curt Bois, ‹Ich mache alles mit den Beinen›. Handelt es sich um einen öffentlich-rechtlichen Sender, das kenne ich schon, wird man im Archiv meistens fündig und findet den singenden Komiker. Ist es hingegen ein Privatsender, folgt meistens als Gegenfrage: «Darf es nicht etwas aus den Siebzigern sein?» Neulich gab ich bei dieser Gelegenheit zur Antwort: «Sehr gern. Haben Sie etwas Flottes aus dem Deutsch-Französischen Krieg '70/71?»

Weil wir gerade das Wort «Krieg» fallen lassen ... Bois schenkte mir einen Kalauer über die Medien: «Jetzt kommt der Herbst, wo wieder die Blätter über uns herfallen.» Und sie fielen über uns her, über Bois wenige, über mich mehr! Zum Beispiel in der Berliner Waldbühne, auf der mich bei einer Protestkundgebung gegen die Stationierung neuer Cruise-Missile- und Pershing-Raketen durch die US-Amerikaner 1983 ein Buh-Konzert empfing. Bois stand hinter der Bühne und tröstete mich später. Er, der Pazifist, war ja immer ansprechbar, wenn es um Aktionen gegen die Aufrüstung ging. Für den Frieden eben. Um des lieben Friedens willen. Jetzt rüstete er mich auf, denn die Medien schlugen zu, wenn auch erst nach der Veranstaltung. Sie machten sich über den Showmaster Richter lustig. So ein friedensbewegter Ilja passte einfach nicht unter die Discokugel.

Insofern trafen sich die Klischeevorstellungen friedensbewegter Linker durchaus mit den Ansichten reaktionärer Rechter in den Sendern: Ein Showmaster, der Partei ergreift oder gar linke Positionen vertritt, ist nicht sendefähig. Dieter Thomas Heck allerdings war sendefähig. Auch oder gerade mit seiner Haltung zur CDU.

Curt Bois war ein durch und durch politisch denkender Mensch und hatte aufgrund seiner Biografie andere Kämpfe auszutragen als ich. Mein Leben war viel undramatischer. Doch ich war eben auch immer im tiefsten Inneren an Menschen wie Curt Bois orientiert – links und dennoch komisch. Tieftraurig, aber nie weinerlich. Moralisch, aber nie moralingesäuert. Ein undeutscher Komiker. Nein, ich bin nicht nach Amerika gegangen, so wie sich das Bois vorgestellt hatte und mir riet: «Einfach abhauen!» Um loszuziehen über den Großen Teich und ein wilder Bursche zu werden, dazu war ich weder fähig noch willens. Ein wilder Bursche war Bois ja auch nicht gewesen, jedoch stets ein Mann mit Charakter. Allerdings darf man nicht vergessen, dass er seine wunderbare Karriere in Deutschland nicht freiwillig aufgegeben hatte und nur sehr unfreiwillig in Hollywood tat, was er konnte. Er konnte mehr, als man ihn machen ließ: etwa den Taschendieb in Michael Curtiz' Meisterwerk «Casablanca» (1942). Mit dieser kleinen Szene gleich zu Beginn hat Bois Filmgeschichte geschrieben. Nun, was soll's: Als er die knappe Szene drehte, war es für ihn ein Tagesjob wie jeder andere. Später, anno 1967, war Ingrid Bergman längst mollig, Humphrey Bogart bereits tot, aber Curt Bois hatte überlebt – nicht weltberühmt, sondern weltbewegend. Zumindest die Welt in Bewegung haltend, die wir so lieben: das Theater! Curt Bois, immer so alt wie die Welt – und an manchen Tagen sogar ein wenig jünger als dieser alte, angefressene Knödel im Universum.

Anfang der achtziger Jahre in Berlin-Charlottenburg sitzen wir wieder einmal in unserem zweiten Wohnzimmer, den «Tessiner Stuben». Meine Mutter Eva, Herr Bois und ich. Curt Bois weiß, dass ich demnächst nach Los Angeles fliegen werde. Und er macht kein Geheimnis aus seiner Leidenschaft für Pornographie. Vor niemandem. Ein Bois schleicht nicht mit hochgeschlagenem Mantelkragen durchs Rotlichtmilieu, oh nein, ein Bois schreitet hocherhobenen Hauptes, als Weltbürger und Genießer.

«Mädelchen», sagt er zu Mutter, «die Sexkinos in Deutschland taugen alle nichts. Wissen Sie was, wir fahren zusammen nach Kopenhagen. Da kriegt man Qualität geboten.» Mutter prostet ihm mit einem Remy zu. Zu mir sagt Curt Bois: «Wenn Sie die Liebenswürdigkeit besäßen, lieber Ilja, mir aus Los Angeles ein paar interessante Pornohefte mitzubringen? Das wäre ausgesprochen reizend von Ihnen.»

Es wirkt nicht schlüpfrig. Er sagt es so unschuldig, wie er wahrscheinlich vor einem Dreivierteljahrhundert die Garderobiere im Theater des Westens angesprochen hat.

Also besuche ich auf dem Hollywood Boulevard einen Sex-Shop. Das Angebot ist verwirrend. Was soll ich dem alten Herrn bloß mitbringen? Hätte ich Curt Bois nach seinen speziellen Vorlieben fragen sollen? In einer edlen Kunstbuchhandlung erwerbe ich einen Band, der mir passend erscheint. Nackte Schönheiten, die sich über Brückengeländer lehnen, in Stiefeln und mit halbgeöffnetem Pelzmantel, dazu die kulturhistorisch wertvolle Skyline von Manhattan. Der Fotograf heißt Helmut Newton.

Zu Hause in West-Berlin blättert Bois den Bildband zerstreut durch. «Dafür sind Sie nach Hollywood gefahren?», sagt er enttäuscht. Und dann, fast ein bisschen weinerlich: «Ich wollte Pornographie.» Und Bois sieht wieder aus wie ein kleiner Junge.

Sollte es im Paradies anstelle nachtragender Komödianten nur himmlisch nachtragende Kellner geben, stelle ich mir Curt Bois vor, wie er dem ausgetanzten Gene Kelly einen Drink spendiert. «Das ist eine Gemeinheit», sagt dann der sportlichste

Musical-Star der Welt, «Sie wissen genau, dass hier jede Art von Flüssigkeit für unsere Astralleiber sinnlos ist. Sie lassen alles durchgehen ... und dabei wäre so ein Whiskey hier genau das Richtige ...»

«Ich weiß», antwortet der völlig durchgeistigte Curt, «aber das ist die Revanche dafür, dass Sie als Star mich damals in meiner klitzekleinen Rolle als Koch in dem Filmmusical ‹Cover Girl› (Regie: Charles Vidor mit Rita Hayworth, 1944, deutscher Titel: «Es tanzt die Göttin») nicht einmal kurz haben steppen lassen. Mir schwebte im Übrigen Folgendes vor ...» – spricht's ... und schwebt ... ignoriert nun die Kelly etwas Flüssiges nachtragenden Kellner und tanzt den verbotenen Tanz von Hollywood.

Halten Sie davon, was Sie wollen – aber genau so hatte mir das Herr Bois erzählt. Wie er da oben tanzen wird? Nein, wie ihm Kelly das Tanzen vermasselt hat – 1940/41, als Bois vierzig Jahre alt war – immer so alt wie das Jahrhundert – und allmählich alterte ... Solang wir jung sind, Madame – auch diesen Song von Friedrich Hollaender hatte er in der Alten Welt zurückgelassen. Er machte alles mit den Beinen. Und in der Neuen Welt? Nein, da machte das Gene Kelly. Und was hat der nun davon? Einen Whiskey, den er nicht trinken kann!

Ich trink schon mal einen vor, Herr Bois – und komm dann später nach! Wir Kinderdarsteller müssen zusammenhalten!

Komiker

Sind die noch alle an Bord
oder längst weit fort, die
einst umworbenen, erschlagenen
oder ganz normal verstorbenen
Komiker?! Kommen sie ins Paradies?

Ich meine: Komiker sind bestimmt
im Jenseits nicht so abgesichert wie Symphoniker.
Komiker, ob sie nun Stoiker oder Ironiker …
Müssen die üben drüben? Oder
geht es jenen hier wie dort so mies?

Ernste Menschen – dürfen sie
da oben gleich mit Jesus lönschen
oder geht es wirklich paritätisch
zu im Paradies?
Komiker …

Theo Lingen

Komiker aus Versehen

Wenn von einem großen Charakterkomiker wie Theo Lingen (1903–1978) nur die Erinnerung an einen lächerlichen Schuldirektor namens Dr. Taft aus Paukerfilmen der 1970er-Jahre in den Köpfen zurückbleibt, mag ihm das egal sein, da oben im Schauspieler-Himmel. «So tief kann ich nicht steigen», war sein Kommentar, wenn das Virus der Dummheit um sich griff, ihm aber keinen Schaden zufügte. Scheinbar. Denn auf mich wirkte der alte, elegante Herr immer auch wie ein Gefangener seiner selbst. So, wie ihm der Maßanzug mit Weste und Taschenuhr Schutz bot vor allzu aufdringlichen Schulterklopfern, die ich bis heute ebenso auf Distanz halte, mit meinem Smoking, den ich «Kampfanzug» nenne, bemerke ich, je älter ich werde, dass viel mehr Theo Lingen in mir stecken muss, als mir lieb ist. Das war Anfang der siebziger Jahre noch nicht abzusehen. Und dennoch nannte ich Theo Lingen meinen Gott.

Dieser Schauspieler war tatsächlich aus Versehen zum Komiker geworden. Das war während seiner ersten Engagements in Halberstadt und Bad Oeynhausen geschehen, Anfang der 1920er-Jahre. Die damaligen Gastspiele mit «biomechanischen» Inszenierungen russischer Theater-Avantgardisten wie Meyerhold, Tairow oder Eisenstein, die zu dieser Zeit des Expressionismus das Publikum verblüfften, hatten auch Lingen begeistert.

Ihm, der die Chancen für seinen hochgewachsenen, langgliedrigen Körper ohnehin mehr im akrobatischen Ausdruck sah, hatten die pantomimischen Mittel und das mechanisch abgehackte Artikulieren der Texte ausgesprochen gut gefallen. Und sein daraufhin expressiv angelegter Rodrigo in Shakespeares «Othello» hatte die Halberstädter beeindruckt.

Nach ausgelaufenem Engagement fand Lingen einen Anschlussvertrag am Kurtheater Bad Oeynhausen. Als er hier die Sprechrolle des Kammerdieners Penižek in Kálmáns Operette «Gräfin Mariza» in aller Ernsthaftigkeit ebenso expressionistisch spielte, erntete er Lacher in ganzer Linie. Für seine Gänge, Gesten und sein groteskes Sprechen erhielt er riesigen Applaus. Ein Komiker war geboren.

«Das Spiel mit der Maske» lautet sehr zutreffend der Titel der wirklich fundiert und gut recherchierten Lingen-Biografie des Autoren-Duos Jacobsen/Aurich. Ist es doch immer schwer gewesen, hinter das Spiel dieses kühlen Kopfes zu blicken, dieses für viele Unnahbaren, der oft als kalt und arrogant empfunden wurde. War er. Aber nur bedingt.

Hatte er erst einmal seine kalte Beobachtungshaltung aufgegeben, war er herzlich. So auch mir blutjungem Typen gegenüber. Er hatte hinter meiner Zappeligkeit die sowieso tief in mir wohnende Einsamkeit (nicht nur am Filmset) durchschaut. Als er beobachtete, dass mich, besonders bei älteren Komikern, eine gewisse Kälte umwehte – behandelte er mich wie einen alten Kollegen. Und es war Sommer. Und ich war siebzehn. Da war es noch sehr still zwischen uns. Ab achtzehn ging es dann bergauf zwischen den Kärntner Bergketten.

Als ich den Verehrten am unvermeidlichen Wörthersee bei einer Szene um einen kleinen Positionswechsel bat, um vor der Kamera die nächste Pointe besser zu platzieren, sagte er freundlich: «Lieber Herr Richter, Sie sind so unbeliebt, für Sie tu ich alles!»

Zeitsprung ins «Dritte Reich»: Franz Lehárs «Lustige Witwe» war Hitlers Lieblingsoperette. Den Grafen Danilo hatte in der Uraufführung der jüdische Tenor Louis Treumann gespielt. Der Operettenkomponist hatte dem Führer 1936, also noch vor dem Anschluss, eine Taschenpartitur mit Treumanns Porträt auf dem Titel geschenkt. Trotzdem stand der erste Danilo Lehárs als einer der Ersten bei der Wiener Gestapo auf der

Deportationsliste. Siebzigjährig. Aber nicht Lehár versuchte seinen einstigen Hauptdarsteller vor der Deportation zu retten (dies tat er auch nicht bei seinem später umgebrachten Wiener Librettisten Löhner-Beda), sondern Lingen. Weder verwandt noch befreundet mit dem Sänger, wagte er aus reiner Menschlichkeit, den alten Herrn aus der Gestapo-Haft zu befreien. Und so wurde er bei dem für seine Gnadenlosigkeit bekannten Wiener Oberbonzen Alois Brunner vorstellig, gab ihm in einer suggestiv anmutenden Art zu verstehen, dass er unverzüglich den alten Herrn zu entlassen habe. Der Kollege stehe «unter meinem persönlichen Schutz». Und Brunner? Geschmeichelt über den Besuch eines so großen Stars, und auch überrascht über dessen souverän und kühl vorgetragenes Ansinnen, gab verblüfft nach. Scheinbar. Den vorsprechenden Lingen in Sicherheit wiegend, veranlasste SS-Hauptsturmführer Brunner jedoch nach der Entlassung die erneute Verhaftung des Sängers. Lingen erschien ein weiteres Mal. Brunner sprach von einer Fehlinformation und dass alles in Ordnung sei. Da ging Lingen beruhigt nach Hause.

«Jetzt geh' ich ins Maxim, da bin ich sehr intim.» Nun «ging» Louis Treumann ins KZ Theresienstadt. Am 5. März 1943 starb der erste Danilo. Johannes Heesters sang ihn noch lange.

Und Theo Lingen nach dem Zusammenbruch des Dritten Reichs? Ein Komiker, aus Ruinen auferstanden. Waren viele seiner Kollegen damit beschäftigt gewesen, ihren Alibi-Juden auszugraben, am besten einen bereits ermordeten, der sich nicht mehr wehren konnte, weigerte sich Lingen, dem nationalsozialistisch begeisterten Star Emil Jannings die erbetene Entnazifizierung zu erleichtern. Ihm, der sich als Dorfnachbar Lingens mehrfach jüdischen Besitz auf Grund seiner Beziehungen einverleibt hatte. Sich als erster Oscar-Preisträger der Hollywood-Geschichte nun frech an den Kollegen wandte. Und wutentbrannt, als der Gefragte sich höflich, aber bestimmt dagegen entschied, Lingen öffentlich als Denunzianten und Nutznießer der neuen Mächtigen beschimpfte.

Als ihm Brecht 1949 eine Karriere in seinem Ost-Berliner Ensemble anbot, lehnte Lingen freundlich ab. Die familiären und künstlerischen Beziehungen zwischen Bertolt Brecht und Theo Lingen würden ganze Kapitel füllen.

Lingen hatte sich während seines 1924 begonnenen Engagements am Stadttheater Münster mit Brechts Ehefrau, der Mezzosopranistin Marianne Zoff, befreundet. Deren 1922 geschlossene Ehe mit dem Augsburger Wunderdichter Brecht war bereits verschlissen. Trotzdem brannten bei Brecht die Sicherungen durch. Er kündigte Marianne Zoff seine ohnehin lückenhaften finanziellen Zuwendungen. Was sie sich denn von diesem zehn Jahre jüngeren Komiker als Schlafburschen verspräche! (Auch Brecht war jünger als sie – fünf Jahre). Lingen, der sich von Anbeginn vorbildlich der kleinen Hanne angenommen hatte, bewahrte Ruhe. 1927 wurde Marianne endlich von Brecht geschieden. 1928 heiratete Theo Marianne, ein Jahr darauf kam ihre Tochter Ursula zur Welt.

Dass Theo Lingens Ehe mit Marianne Zoff, die bis zu seinem Tod fünfzig Jahre Bestand haben sollte, schon nach fünf Jahren in hochgefährliches Fahrwasser geriet, war nicht zu ahnen gewesen. Mit einer «Halbjüdin» wie Marianne Zoff verheiratet zu sein, war eine Barriere für die Mitgliedschaft in der seit 1933 waltenden Reichsfilmkammer. Um dennoch aufgenommen zu werden, was für die Filmarbeit unabdingbar war, bedurfte es einer Sonderbewilligung des Propagandaministers.

1939 stand die in Wien wohnende Schwiegermutter Zdenka (Sidonie) Zoff kurz vor dem Abtransport ins KZ, wogegen Lingen in Berlin bei Goebbels intervenierte. In dessen Tagebuch findet sich dazu am 19. Januar 1939 der verharmlosende Eintrag: «Theo Lingen trägt mir seine privaten Sorgen vor. Ich kann ihm etwas helfen.»

1975 klang das dann aber doch etwas anders, als mir im Kölner «Hotel am Dom» nach einer gemütlichen Tafelei Lingens Ehefrau Marianne die Bedrohlichkeit des tatsächlichen

Wortwechsels zu schildern versuchte. Sie sagte: «Wissen Sie, was der Goebbels zu meinem Mann gesagt hat? – ‹Wir wissen genau, lieber Herr Lingen, mit wem wir es zu tun haben. Aber solange die Soldaten an der Front über Sie lachen, brauchen Sie sich keine Sorgen zu machen …›»

Fest steht zumindest, dass nach dem Vorsprechen Lingens die Schwiegermutter unverzüglich aus der Deportationshaft entlassen worden ist.

Fünf Jahre vor jenem Kölner Essen hatte ich siebzehnjährig die Ehre gehabt, mit diesem großen Komiker vor der Kamera zu stehen. Zusammen mit Eddi Arent, Uschi Glas, Roy Black und Peter Weck. Damals im ersten von sechs mit Theo Lingen zusammen gedrehten Lustspielen, die später als «Tolle Tanten-Filme» unrühmlich in die Filmgeschichte eingingen.

Beim Drehen war Lingen mir gegenüber von einer Kühle, die Kollegin Regine Lutz eher als «Kälte» empfunden hatte, bis hin zur Arroganz gerade jüngeren Kollegen gegenüber. Ich durfte ihn zunächst in ähnlicher Weise erleben. Wenn auch nicht arrogant, aber doch von «eisiger Höflichkeit», eine Formulierung von Frau Lutz über die Probenzeit für ein Sternheim-Stück. Erst zwei Kinofilme später – nun war ich bereits neunzehn – veränderte der alte Herr zu meiner Überraschung seine reservierte Haltung mir gegenüber, als er mich während einer Drehpause auf einer Terrasse fragte:

«Sagen Sie, lieber Herr Richter, wie hat Ihre Familie das alles eigentlich überlebt?»

Ich hatte nie etwas darüber verlautbart. Meine Eltern hatten es mir verboten. Also fragte ich irritiert zurück:

«Aber Herr Lingen? Woher wissen Sie? Wieso fragen Sie?»

«Lieber Herr Richter, ich pflege mich vorab zu erkundigen, mit wem ich es zu tun habe!»

Er siezte mich. Aber auf das Liebenswürdigste. Seit dieser Zeit ziehe ich das persönliche «Sie» dem immer bedeutungsloser werdenden «Du» vor. Nun, fünfzig Jahre später selbst ein alter Herr, zeige ich jungen Menschen gegenüber niemals so eine Lingen'sche Kühle. Ich bin nicht Lingen. Habe ihn nur oft parodiert, eines Tages sogar den kleinen Pennäler Theo, alias «Dr. Taft» junior, in einem Paukerfilm gespielt – jenen Mann, den ich so bewunderte. Leider unter dem etwas plump inszenierenden Regisseur F. J. Gottlieb. Der nun auch noch unsensiblerweise meinen Part dcs alten Schuldirektors Dr. Taft als Knabe von Herrn Lingen synchronisieren ließ, was der nicht unwitzigen Idee, einen Schuldirektor auf seine Jugendstreiche zurückblicken zu lassen, die jungenhafte Würze nahm. Denn jetzt näselte Lingens Altherrenstimme im Kastraten-Ton auf dem Jungmimen Richter, der hier vergeblich um eine kleine Charakterstudie bemüht gewesen war.

Dennoch war ich dann doch etwas verwirrt bis stolz, als mir Herr Lingen nach der Synchronisation das schriftliche Kompliment machte: «Lieber Herr Richter! Heute habe ich auf der Leinwand mich – nein Sie – nein, mich gesehen. Es war charmant und amüsant. Kompliment. Ihr Theo Lingen.»

Lingen mochte keine Blumen. Als ich ihm und seiner Frau zum Dank für eine Restaurant-Einladung einen prächtigen Blumenstrauß hatte ins Zimmer stellen lassen, hat er diesen an den Hotelpagen verschenkt. Beide Lingens mochten keine Blumen. Nicht Theo allein, auch seine Marianne nicht. Woher ich das weiß? Besagter Page begegnete mir Jahre später als Skateboarder, bedankte sich für die Blumen, die er mir verdankte, und erzählte mir, wie sich seine Freundin darüber gefreut hatte. Alle im Laufe der Jahrzehnte von Lingen ignorierten Blumensträuße ergäben sicher einen bezaubernden Dschungel.

Statt Blumen schätzte er den Wert des Geldes durchaus. So sehr, dass er immer wieder Klamottenfilme am Wörthersee drehte – bei weiter bezahlter Gage als Staatsschauspieler. Wie sagte er einmal, begraben unter einem Berg von Schlagsahne liegend, zum Kollegen Eddi Arent:

«Und vergessen Sie nie: ‹Ich bin Burgschauspieler!›»

Lingen selbst nannte diese gut bezahlten Kintopp-Klamotten übrigens «Limonaden-Filme».

Dabei hatten Anfang der dreißiger Jahre renommierte Kritiker das Gesicht Lingens in zwei Charakterchargen durchaus wahrgenommen: in Fritz Langs Filmen «M» (1931) und «Das Testament des Dr. Mabuse» (1933). Ersteres Werk sah die ganze Welt. Das nachfolgende, «Mabuse», sah man nur noch in Wien und Budapest. 1933 kam der Film als nicht den Vorstellungen von völkischer Filmkunst entsprechend auf die Verbotsliste.

Fritz Lang flieht nach Hollywood und wird zum B-Pictures drehenden Denkmal. Lingen, der kurz an Flucht nach England denkt, bleibt dann aber doch. Schon wegen seiner gefährdeten Familie, und wird in tödlichen Zeiten ein Star des reichsdeutschen und vor allem österreichischen Kinos.

Nicht zufällig gibt es seit 2012 im österreichischen Strobl einen Theo-Lingen-Platz. Schließlich hatte er, wie die beiden Biografen Wolfgang Jacobsen und Rolf Aurich recherchierten, das Dorf vor bewaffneten Auseinandersetzungen bewahrt. Theo Lingen und Prinz Georg zu Fürstenberg (1923–2008) waren auf Fahrrädern als mutige Parlamentäre mit weißer Fahne den GIs entgegengefahren und sind in die Dorfgeschichte eingegangen. Sie überredeten am 5. Mai 1945 die US-Infanteristen, die in St. Gilgen verharrten, auch nach Strobl vorzurücken. Das gelang letztlich nur mit einer Einladung zu einer Feierstunde mit Mädchen des Ortes. So gelang diese Besetzung, weil am Wolfgangsee bereits die schönsten Dirndl auf eine Eroberung warteten. Und so bewahrheitete sich auch hier im historischen Rückblick der 1930 entstandene Operettenrefrain:

> «Im ‹Weißen Rössl› am Wolfgangsee,
> dort steht das Glück vor der Tür
> und ruft dir zu: ‹Guten Morgen,
> tritt ein und vergiss deine Sorgen!›»

So traten die Befreier dank Lingens und Fürstenbergs Vermittlung im Haus am See ein und verrichteten dort reine Friedensarbeit. Felix Austria! Zumindest in Strobl.

In der Heimatstadt seines Vaters – Lingen im Emsland – ziert sein Name nur eine hässliche Straße parallel zu einer Autobahnunterführung. So viel Zurückhaltung beim Erinnern hat der Mann nicht verdient. Oder vielleicht doch? Der Mann nannte sich ja nur Lingen, um dem enggeistigen Vater, einem Notar, nicht den schönen Namen «Schmitz» mit seinem ehrlosen Vagabunden-Ruf zu beschmutzen. Konservativ der Vater Schmitz? Mit Sicherheit. Und Theo?

Wenn das Wort «wertkonservativ» nicht so abgenutzt wäre, würde ich sagen: Herr Lingen war wirklich ein Wertkonservativer. Einer jener Gebildeten, die ihre Bildung nicht wie einen Zettelkasten vor sich hertragen. Er kannte nicht nur die Klassiker, die für ihn als Schauspieler in Frage gekommen waren, sondern auch die Werke, die ein gebildetes altes Kind seiner Zeit einfach zu kennen hatte.

Einmal saßen wir in Pörtschach nach Drehschluss im Hotel-Restaurant. Nachdem die Maskenbildnerin das ausgefüllte Kreuzworträtsel hatte liegen lassen und den Raum verließ, sehe ich immer noch Lingen schmunzeln. Er besah das Enträtselte, ließ das Blatt nun fallen: «Wenn ich Ihnen sagen würde, wie unsere Maskenbildnerin ‹Shakespeare› zu schreiben beliebt … ‹Unbeschreiblich›» – einen Zigarettenkringel in die Luft zaubernd. Nicht näselnd. Nur vor der Kamera. Sonst nie!

Lingens Rat, mehr zu lesen, mit dem er mir ausgerechnet das Buch «Halleluja – die Geschichte der USA» von Joachim Fernau ans Herz legte, der darin den noch bevorstehenden Untergang des Landes mit dem des Römischen Reiches verglich, reichte mir in meinem jugendlichen Leichtsinn gerade mal als Inspiration für meinen Song «Barfuß über den Broadway tanzen». Noch heute auf Youtube zu besichtigen.

Das Internet vergisst nichts. Ich auch nicht. Vor allem, dass mich Regisseur Gottlieb zwang, meinen Nonsens als

Zimmermädchen vorzutragen. Sinnentleert. Ich tat es. Wie alt von mir. Heute würde ich jünger entscheiden.

The President of United States
ist traurig, wenn man ihn fragt: «Wie geht's?»
Denn, was der Präsident gerne möcht',
ist seinem Kabinett nicht recht.
Er möchte barfuß über den Broadway tanzen
und am Straßenrand Blümchen pflanzen.
Ist so etwas nicht wunderbar?
Amerika – Hurra!

Lingen winkte mich nach der Schlussklappe diskret in eine Ecke. Fast konspirativ sein Blick, als er mir zuflüsterte: «Lieber Herr Richter! Wie Sie den gesamten Untergang der Vereinigten Staaten auf zwei Minuten reduziert haben – fabelhaft! Nur noch eine Frage: Warum als Zimmermädchen?»

«Keine Ahnung, Herr Lingen! Der Autor schreibt noch an der Auflösung für morgen!»

Darauf Lingen: «Verstehe. Wir befinden uns in einem Experimentalfilm!»

Der Rühmann

Komiker bis zum Umfallen

Wir schreiben das Jahr 1970. Meine Karriere läuft gut und immer besser. Kulenkampff, ein Schauspieler als König der Sechziger-Quiz-Kultur, nennt in einem Interview meinen Namen. Ich sei talentiert. Und was mache ich mit meinem Talent? Ich drehe in der Zeit, die mir neben «disco» bleibt, die «Tollen Tanten». Das Lob aus dem Munde des großen Kulenkampff erfahre ich von Carl Spiehs, dem Produzenten, während wir gemeinsam fernsehen. Es läuft, zum tausendsten Mal, «Quax, der Bruchpilot». Spiehs gibt mir einen guten Rat: «Da mußt auch mal hin, Ilja. Da, wo der Rühmann gewesen ist. Ganz oben!»

Und ich sehe, wie Rühmann auf einem Doppeldecker mit Hakenkreuz herumturnt. Meinem Produzenten nicke ich höflich zu. O ja, ich bin auf dem besten Wege, Everybody's Darling zu werden. Ich mache, was verlangt wird, einschließlich der «Tanten»-Filme, die so schlecht sind, dass sie heute noch Nachmittags- und Nachtprogramme füllen. «Quax» wird ebenfalls wiederholt, und nicht deshalb, weil die Leute unbedingt Hakenkreuze sehen wollen. Hätte ich an Rühmanns Stelle nicht auch gemacht, was verlangt wurde? War ich irgendwann ein Held, habe ich das Recht, Rühmann Opportunismus vorzuwerfen?

Ich tue es einfach. Ich bin Ilja, talentiert und selbstgerecht, ein ganz normaler Schauspieler. Es gibt nur sehr wenige in unserer Branche, die nie Konzessionen machen – an ihre Produzenten, an ihren Redakteur oder Regisseur, an den vermuteten Publikumsgeschmack, an den Zeitgeist, an die eigene Lust, Geld zu verdienen und gemocht zu werden. Auch Kuli hat solche Konzessionen gemacht, nehme ich an. Es hat ihn nicht beschädigt. Aber wo liegt die Grenze? Wie weit darf man gehen? Ab wann muß man Nein sagen? Ich war sehr jung, und mein Harmoniebedürfnis war groß. Ich war mir in vieler Hinsicht unsicher, aber ich wusste ein paar Dinge ganz genau: zum Beispiel, dass ich Lingen bewunderte und Rühmann ablehnte. Große Komiker – beide! Aber raten Sie mal, von welchem Komiker sich Magda Goebbels 1940 einen Hobbyfilm zum Geburtstag ihres Mannes Joseph wünschte? Als Tonfilm. In Farbe! Auf 35 mm. Schwant Ihnen, wer das Ding gedreht hat? L. oder R.?

Die richtige Lösung schicken Sie bitte an sich selbst.

Du kannst nicht immer komisch sein

Über Leben und Sterben von Rudi Carrell

Als er die Nachricht über seine ihm noch verbleibende Zeit aus dem berufenen Mund des Doktors hörte, soll er sich gewundert haben, der Rudi. Er wunderte sich, dass es überhaupt so lange gedauert hatte … sein Leben. Sein wildes Leben. Nachdem er verwundert das Bild der rabenschwarzen Lunge zu akzeptieren begann, ging er auf seine letzte große Gala: zur Goldenen Kamera. Abgang und Wiederkommen waren seine Spezialität. Gab es früher eine Krise, lag längst schon, während er der Presse verzweifelt mitteilen ließ, dass er nicht mehr weiterwüsste, die neue Show-Idee im Safe. Geklaut oder gekauft. Egal – er hatte immer einen Plan.

Nun also kam es zu seinem letzten großen Auftritt. Die Goldene Kamera in der Linken, das Glas Bier in der Rechten, und im Widerspruch zu seinem blendenden Äußeren, braun gebrannt im schicken Maßanzug, war plötzlich dieses Stimmchen zu hören. Dieses durch einen chemiebetäubten Kehlkopf helle Stimmchen – also die Lunge schwarz und die Stimme ganz hell. Ein merkwürdiger Kontrast. Und doch für mich im Rückblick einer der stärksten Abgänge eines Prominenten. Gleichzeitig aber auch einer der tragischsten. Wie er lächelt, schmunzelt und nicht wankt, nicht vor seiner Familie, nicht vor der Öffentlichkeit. Lässig dankt er den Ärzten und seiner Privatversicherung für alles, was sie für ihn getan haben.

Wieder kommen mir Georg Kreislers Zeilen in den Sinn: «Was hast du eigentlich dir vorgestellt? Hast du dein Leben bis zum Schluss gedacht? Wie hast du dir den letzten Kuss gedacht?»

Rudi hatte sich sein Leben bis zum Schluss gedacht. Noch einmal den Rhododendron in Bremen vor seinem Hause blühen sehen wollte er. Und das Endspiel der WM am Schirm erleben wollte er noch. Umringt von seiner Familie. Und so war es dann auch. Das Schicksal war noch einmal gnädig. Seine Tochter Annemieke bestätigt das: «Vater hat den Rhododendron noch blühen sehen – und mit uns allen Deutschland in der WM.»

Und da ja die Deutschen 2006 bekanntlich nicht ins Finale gekommen sind, sagte er, schon sehr geschwächt und sehr lakonisch: «Das war's dann.» Und starb am nächsten Tag. Dazu noch Annemiekes Kommentar: «Vielleicht hätte mein Vater noch ein bisschen gelebt, wenn die Deutschen gewonnen hätten.»

Und ich muss mir wieder diesen spöttischen Blick von Rudi vorstellen. Er, der mit siebenunddreißig Jahren gerade im Zenit seines Ruhms stand. Und dann, mit einundsiebzig: Abgang auf Nimmerwiedersehen. Seine Kommentare auf das Fernsehen werden, je länger dieser Mann tot ist, in ihrer Aussagekraft immer lebendiger: Er habe die Familien vor dem TV-Gerät zusammengehalten, sagte er. Stimmt! Das schaffen heute nur noch Fußballdirektübertragungen oder Spektakel mit hohem Ekelfaktor.

Der Fernsehapparat, so sagen die Soziologen im Rückblick über die letzten drei Jahrzehnte, sei gewissermaßen der Dorfplatz der Familie gewesen; auch vom Lagerfeuer spricht man gern. Also von dem Platz, an dem sich die Familie heiter aufwärmt. Ich habe mit «disco» in Spitzenzeiten durchaus 20 Millionen Menschen aufwärmen dürfen. Carrell war der heißeste Aufwärmer unter den Sozialarbeitern im Familien-TV.

Dass derselbe Mann allerdings in seinem eigenen Familienleben eher nicht so ganz zu fassen war für Frau und Kinder, steht auf einem anderen Blatt. Keinesfalls ist es ein Widerspruch zu Rudis Arbeit. Wie oft hören wir, dass zum Beispiel hervorragende Kinderpsychologen zu Hause ihre Bälger nicht in den Griff bekommen.

Rudis Bruder heißt Aad. Ich traf ihn in Buxtehude bei einem Familientreffen. Rudis Tochter Annemieke lebt dort seit Langem, verheiratet mit dem deutschen Journalisten Dieter Klar, in einem bezaubernden Kleinstadtidyll. Ich hab die beiden liebgewonnen. Innerhalb kürzester Zeit hatten Aad und ich einen ganz persönlichen Draht miteinander. Wir sprachen, nachdem wir in einem verbalen Galopp über meine Erlebnisse mit seinem Bruder in den albernen Wörthersee-Filmen das Thema hatten untergehen lassen, über etwas, was mich seit Jahrzehnten viel mehr fasziniert: die Holländer als Volk. Ihr herzliches Verhältnis zum Königshaus, tolerant und dabei immer königstreu, vielleicht in ihrer Art intimer, aber mindestens so humorvoll wie die Engländer.

Kleine Länder lieben keine großen Gesten. Auch die Art von Aad Kesselaar hatte dieses Leichte, dem Wichtigen die Schwere Nehmende. Dieses scheinbare Nebenbei beim Reden. Dieses typisch niederländische Achselzucken, fast hilflos in der Gestik, wenn man sich aber eigentlich in der Sache längst einig ist. Man zuckt mit den Achseln, verneint mit dem Kopf; und nach diesem leisen Kopfschütteln kommt eventuell ein: «Das kann schon sein!» Da sind wir Deutschen in unseren Reaktionen doch viel direkter. Wenn wir mit jemandem einer Meinung sind, kommt ein klares, deutliches «Genau! Da haben Sie recht! So ist es! Jawohl!»

Aad erinnerte mich also in allem an Rudi, redete aber erst einmal nicht über sich, schüttelte, auch als wir auf die Marotten des Bruders zu sprechen kamen, wiederum leicht den Kopf, so als wolle er wieder sagen: «Nein, nein» – und sagte stattdessen: «Nun ja, Rudi eben.»

Unsere Gespräche über Holland und die Deutschen wurden durch ein klassisches Konzert, das Annemiekes Mann organisiert hatte, sanft unterbrochen. Auf dem Weg zum Konzert unterhielten wir uns über die Sponsoren der Veranstaltung. Dabei handelte es sich um die Reederei NSB (Niederelbe Schiffahrtsgesellschaft Buxtehude). Aad und ich lachten herzlich über diese Abkürzung, weil sie auf unfreiwillige Weise mit den Initialen der einstigen holländischen Faschisten übereinstimmt. Das ist natürlich reiner Zufall. Und diese Reederei hat politisch überhaupt nichts mit den holländischen Nazis zu tun. Zudem soll hier nicht unerwähnt bleiben, dass dieses Unternehmen immerhin Kultur fördert. Wir aber und die ganze holländische Gemeinde lachten über die Abkürzung NSB.

Historisch gab's da natürlich überhaupt nichts zu lachen, denn die niederländischen Nationalsozialisten hatten den Überfall auf ihr kleines Land durch die Deutschen allein schon bürokratisch «bestens» vorbereitet. Mein Vater hätte sich gerne mit Rudi über die holländisch-deutsche Geschichte unterhalten. Dazu kam es nicht, damals am Wörthersee, mit Rudi und mir als tollen Tanten. Bis auf ein paar oberflächliche Wortgeplänkel in perfektem Holländisch, was Rudi durchaus anerkannte, worauf er sich dann aber wieder anderem zuwandte, blieb mein Papa, was er während meiner ganzen Karriere war: der alte Vater eines jungen Sohnes. Immer am Rande des Geschehens.

Und vor allem immer wieder im Schatten seiner Ehefrau. Sprich: Mama. Sie sah immer aus wie ein Stummfilmstar, der auf die nächste Szene wartet. Sehr damenhaft, sehr ladylike. Nach dem fünften, sechsten Remy Martin konnte sich das durchaus ändern. Im besten Fall mündete es in freche Berlinismen.

Nun also stand ich in Buxtehude vor Aad, dem Mann, der Rudi wie aus dem Gesicht geschnitten scheint – und doch ein anderer ist. Soll ich sagen: Gott sei Dank?! Nein, das schreibe ich nicht, das meine ich nicht. Aber wie ich da so in der Konzertpause mit Aad plauderte, da hätte vielleicht auch jemand, uns beobachtend, sagen können: «Der Ilja sieht aus wie sein Vater.» Denn nun war ich ein alter Papa mit einem jungen Sohn. Wie meiner damals. Nur mit dem Unterschied, dass ich mein Söhnchen nicht auf Filmsets schickte und mich auch, Gott sei Dank, keine Ehefrau domestizierte. Ich bin ich. Und Aad ist Aad. Und man soll das Spiel der Gene nicht mit den Charakterzügen der jeweiligen Menschen durcheinanderbringen. Fragen Sie mal die Kesslers, ob sie glauben, dass der eine Zwilling wie der andere ist. Sie werden Ihnen schon was erzählen! Und das bestimmt nicht tanzend oder singend.

Und doch: Ein bisschen Rudi kann nicht schaden, wenn es um Humor und Charme geht. Ein bisschen Aad aber auch nicht, wenn es um die Fähigkeit geht, ruhig und genau zu beobachten, sich nichts dabei zu vergeben, einem wildfremden Mann seine Sympathie zu schenken, ohne wirklich zu wissen, ob das jetzt auch richtig ist oder vielleicht zu voreilig.

Es ist ja nicht dieses blinde «Jemanden-Umarmen», von dem ich hier spreche, es ist die Art, sich als Menschenfreund zu erkennen und dementsprechend zu geben. Und das Wort «geben» – das lass ich mir nicht nehmen – ist überhaupt das Schönste auf der Welt! Nichts anderes ist ja schließlich mit dem Begriff «Gentleman» gemeint: Ein Mann, der *gentle* handelt, ist nicht allein daran zu erkennen, ob er nun der Dame die Tür aufhält, wie wir es aus alten Filmen oder der Literatur kennen. Natürlich hilft ein Gent dem weiblichen Wesen in den Mantel und auch wieder aus ihm heraus. Das ist selbstverständlich.

Ich höre immer wieder, genau dies sei ein Anachronismus. Ich meine, dieses Verhalten wird nur zum Anachronismus für den, der Form vor Inhalt lebt.

Aad und ich haben jedenfalls etwas getan, was Rudi nicht konnte: sich herzlich zu umarmen und in der Gewissheit «Auf Wiedersehen» zu sagen, dass man sich im Auge behält.

Rudi habe ich eher so in Erinnerung, dass er mitten im Gespräch mit einem Wischblick eine junge Frau taxierte, ob sie womöglich gut zu «gebrauchen» wäre, um sich danach nahtlos in das Gespräch wieder einzuklinken.

Als ich Rudi kennenlernte, behauptete er ganz selbstverständlich: «Ich mache die beste Show der Welt!»

Als ich seinen Bruder dreißig Jahre später kennenlernte, ließ er nur spärlich Worte über sein Leben fallen. Ich erfuhr eher über Annemieke, dass er immerhin dreimal verheiratet gewesen war. Dass er mit Geld, im Gegensatz zu seinem Bruder Rudi, immer sehr gut umzugehen wusste. Ein sehr erfolgreicher Manager im Versicherungsbusiness. Dezent, wie er aber nun mal ist, dieser Aad, redete er kaum über sich. Rudi zeigte gerne, was er hatte: Geld, Frauen, Autos. Natürlich stets mit diesem Augenzwinkern, aber es war das Zwinkern des kleinen Mannes, der es geschafft hatte. Geschafft, der Enge entronnen zu sein. Jener Enge der kleinen Leute.

Apropos kleine Leute: Ich erzählte Aad, dass mein Vater, zur Zeit seines holländischen Exils, immer wieder ein populäres Lied von Louis Davids gesungen habe: «Zo'n hele kleine man met een confectiepakkie an». Was so viel heißt wie: «Das ist der kleine Mann mit dem Konfektionsanzug». Mit dem man es machen kann, mit dem die Großen herumspringen, wie sie wollen. Der kleine Mann mit dem «Confectiepakkie an» muss alles ausbaden.

Vierzehn Tage nach der Begegnung mit Aad bekam ich Post von ihm aus Holland. Neben äußerst liebenswürdigen Zeilen über unsere Begegnung erklärte mir Aad in diesem Brief: «Nach zwei Wochen ist es gelungen, um ein CD zu kaufen mit de kleine Mann von Louis Davids.» So reizend, wie der Holländer und Gentleman die Worte setzte, so gut hätte ich ihm auf Holländisch gern mein Dankeschön geschrieben.

Also setzte ich folgende Zeilen auf: «Dieser kleine Mann mit dem Confectiepakkie an hat mir so viel Freude gemacht. Und außerdem scheint er mir, so altmodisch das Liedchen auch klingt, aktuell wie anno '39 zu sein.»

Ich weiß nicht, ob ich Aad zu nahe getreten bin, als ich in meinem Brief über den Modestil seines Bruders schrieb: «Rudi war ein Könner! Aber im Tiefsten seines Herzens blieb er doch der kleine Mann mit dem Confectiepakkie an.» Auch wenn er damals Maßanzüge trug.

Er war in bestimmten Situationen, besonders in der Öffentlichkeit, mit diesem Habitus beschäftigt: «Schaut her, ich bin's!» Eigentlich empfand ich ihn in seinen Shows lockerer als im täglichen Leben. Alles musste ein bisschen größer, ein bisschen breiter sein. Auch die Frauen durften größer, wenn auch nicht breiter sein. Ich sehe Aad bei diesen Zeilen schmunzeln; leicht mit den Achseln zuckend, den Kopf schüttelnd, als wolle er wieder so ein Nein vorgeben, um dann doch «Kann schon sein» zu sagen.

Ich habe mir nie sehr viele Gedanken über aktuelle Mode gemacht. Über die getragenen Kleidungsstücke von Prominenten gibt es ja sehr viele Studien, Seriöses und Unseriöses. Die Klatschblätter berichten über die Versteigerung der letzten Unterhose von Elvis Presley. Das muss ja nicht sein.

Was aber wurde aus den Maßanzügen von Rudi Carrell? Darüber finden Sie nichts in den bunten Blättern. Ich kann es Ihnen aber sagen, falls es Sie interessiert. Die Maßanzüge, oft sehr hell, manchmal sogar ein bisschen schreiend in den Farben, wie ein kleiner modischer Vorgriff auf Thomas Gottschalk, diese Anzüge lagern alle im Fundus der Familie Kesselaar, also bei Rudis Tochter Annemieke.

Ich höre diese Anzüge im Schrank von besseren Zeiten plaudern, als sie noch den erfolgreichsten Showmaster Deutschlands umhüllten. Und nun? Herren- und inhaltlos die Hosenbeine übereinandergeschlagen, langweilen sie sich. «Ein Bügel ist eben kein Clubsessel», sagt der graue Flanell zum leicht verknitterten Glencheck. Manchmal aber kommt es dann zu einem Casting. Der Enkel von Rudi tritt vor den Schrank und sucht sich einen der Anzüge des Großvaters aus. Jeder will dabei sein, aber nur ein Anzug kann gewinnen.

Wie ich auf so etwas komme? Ich sah Rudis Enkelsohn auf dem Buxtehuder Konzert. Er stand seinem Onkel Aad vis-à vis … Der junge Mann trug das Jackett einer Showlegende. Da stand er also nun, der Enkelsohn, gewissermaßen in Sachen seines Großvaters erschienen. Dieser Anblick rührte mich. Vor einiger Zeit habe ich meinen alten Smoking verschenkt. Ich schenkte ihn dem jungen Komiker Gideon Rapp. Im Übrigen habe ich keinen Fundus und kann also auch nicht ständig Klamotten aus meiner versketchten und verspielten Showzeit verschenken, versteigern lassen oder gar auf eBay verkaufen. I wo! Ich lebe gut mit meiner Vergangenheit, aber ich lebe nicht in ihr ... Vielleicht ist das auch besser so.

Gideon Rapp aber freute sich sehr über die alten Klamotten aus einer anderen Zeit, meiner Zeit, als ich noch der Berufsjugendliche war. Jener ewige Ilja.

Und so habe ich auch keinen Fundus zur Verfügung, aus dem sich mein Sohn oder gar die Enkelkinder bedienen könnten. Vielleicht wollte ich es auch vermeiden, dass sich die alte Sketchzeile bewahrheitet: «Guten Tag, ich komme in Sachen meines Vaters!» Rudis Enkelkind im Showjackett rührt mich auch im Nachhinein noch. Warum? Weil der junge Mann ja nicht die Absicht hat, in Großvaters Fußstapfen zu treten. Und ich habe etwas gegen Fußstapfen, in die der Jüngere treten soll. Das hat so etwas Ausgelatschtes. So etwas Vorgegebenes. Ich habe keine Klamotten aus meiner Kinderdarstellerzeit zu vererben. Von der kurzen Hose bis zur ersten Fliege – nichts. Ich werde mich also schwere- und nostalgielos vom Acker machen.

Die Lebensuhr

Ich kann meine Lebensuhr
nicht entziffern.
Wo hält für mich das letzte Schiff an?
Es wäre beruhigend,
auszupegeln,
wo es mich abholt, um davonzusegeln
das verdammte
Narrenschiff.

Mit acht Segeln
und (mindestens) fünfzig Stimmungs-
Kanonen …

So wird's nie wieder, so war es nie

Chris Roberts verkörperte eine Unschuld, die diese Republik nie gehabt hatte

Wenn ein berühmter Opernsänger stirbt, überleben seine Arien. Die Lieder von Chris Roberts waren untergegangen, während er sie noch durch unsere härter gewordene Republik tingelnd weitersang. Und sang und sang, wie seine Sangesbrüder und -schwestern, bis zum letzten Atemzug. Oft bleibt ihnen nichts anderes übrig. Ein alterndes Publikum geht nicht so schnell unter wie sein Sänger.

Ein junges Mädchen, so um die vierzehn, fünfzehn, steht vor einem Problem, wenn es seine Mutter trösten möchte, die um Chris Roberts trauert. Denn wie soll es um den Verlust für die Mutter wissen, wenn es nie mit ihr auf einem Chris-Roberts-Konzert gewesen ist?

Bei den Stones sieht das anders aus. Wer sich in diesen Zeiten die Preise der ewig wilden Herren leisten kann, nimmt die ganze junge Brut gleich mit. Aber Daddy ist in seinem Stones-T-Shirt über dem Wohlstandsbauch so peinlich, wie es die Siebziger-Schlager singende Mutti in ihrem Flower-Power-Kleid auf dem letzten Chris-Roberts-Konzert auch war. Sie schwenkte das Feuerzeug wie eine Zeugin Rowentas. Sie jubelte: «So war das!» Natürlich war es nicht so.

Wenn ich einmal sterbe, wird niemand schreiben: «Der hat noch mit Chris Roberts vor der Kamera gestanden.» Und das ist gut so. Auch die in den Wörthersee-Filmen gesungenen Schlager von Chris Roberts und Co. sind so wenig witterungsresistent wie das Zelluloid, auf dem die Fetzen gedreht wurden. Aber mein Erinnerungsfilm legt sich liebevoll über dieses schwachsinnige «Tolle Tanten»-Filmmaterial. Wie ein milder Filter. Ganz soft.

Ich seh mich wieder siebzehnjährig vor der Nobelterrasse in Velden auf den knallroten Honda-Sportwagen schauen. In einer Drehpause. Und Chris Roberts sagt ohne Angeberei, aber sehr glücklich: «Guck mal – von meiner ersten Filmgage.»

Ich war begeistert und machte noch viele schlechte Filme, kaufte meinen Eltern einen gebrauchten weißen Mercedes, und da stiegen natürlich nur Mama und Papa ein und nicht die wilden, hübschen Mädchen, die ich so begehrte. Während ich also auf der Hotelterrasse brav mit meinen Eltern Abendbrot aß, fuhr Chris Roberts der Kärntner Abendsonne entgegen. Nie allein. Immer mit schönen Frauen. Mir war das gleich. Ich wollte sie alle. Aber Komiker bleibt Komiker. Was mir blieb? Ich parodierte Chris Roberts in meiner «disco»-Sendung. Das Publikum lachte. Wir sahen uns dann wieder bei so mancher Filmpremiere. Für das Werk «Wenn die tollen Tanten kommen» ging es 1970 in Essen vor der berühmten «Lichtburg» über den roten Teppich – durch die jubelnde Menge, als wären die Siebziger die Fünfziger. Dabei waren es nur falsche Fuffziger.

Wenn Sie mich fragen: Chris Roberts verkörperte eine Art Unschuld, die diese Republik nie gehabt hatte. Sie war bereits kurz nach der einsetzenden Heimatfilmwelle à la «Schwarzwaldmädel» verbraten und verkokelt worden. Abgefackelt mit den Restbeständen der ästhetischen Flimmerkiste des Joseph Goebbels. Die Mörder waren unter uns. Ihre Filmproduzenten auch. Sie ließen Gras über die Geschichte wachsen und produzierten dafür lieber Geschichten, die das Leben nie so schreibt. Und immer mit Musik. In jedem Jahrzehnt muss ein Sänger den hohlen Zahn der Zeit ausfüllen. Das steckt einfach so drin im Volksmund. Fällt er dann aus, der Zahn, wird er durch eine neue Jacketkrone der Schlagerschöpfung ersetzt. Dass ausgerechnet dieser unser Chris Roberts gar nicht «einer von uns» gewesen sein soll, sondern erst sehr spät als bis dahin Staatenloser die deutsche Staatsbürgerschaft erhielt, das fand ich erstaunlich. Er war nämlich der Sohn einer Deutschen und eines Jugoslawen. Im Nationalsozialismus war es einer deutschen Frau verboten, einen Jugoslawen zu heiraten. Deshalb erhielt Chris Roberts, der eigentlich Christian Klusácek hieß, keine deutsche Staatsbürgerschaft. Die beantragte er erst im April 2016. Und er erhielt sie ein Jahr später, kurz vor seinem Tod.

In gewissem Sinne bin ich ein Geheimnisträger. Wenn ich anno '76 im Münchner Hotel «Vier Jahreszeiten» für die nächste «disco»-Show abstieg, kam mir oft ein liebenswerter alter Hoteldiener entgegen. In gebrochenem Deutsch begrüßte er meine Eltern und mich, nahm das Trinkgeld entgegen und brachte die Koffer nach oben.

Einmal fragte ich Chris während einer «disco»-Probe: «Du, sag mal, soll ich deinem Vater immer noch ein Trinkgeld geben? Oder passt das jetzt nicht mehr? Mit dir als Berühmtheit?»

Und Chris lächelte: «Passt schon.» Schließlich war er ja in München aufgewachsen. Nur der Presse gegenüber sollte ich den Job des Vaters nicht erwähnen. Heute denke ich: Es war einmal ein junger Mann – ein deutscher Schlagerstar. Er konnte sie alle haben. Wollte er sie alle? Und wie war das nun mit der deutschen Staatsbürgerschaft? Wollte er sie erst nicht? Und warum so spät?

Folgendes Wortspiel habe ich mal in der Show präsentiert. Es funktioniert nur, wenn Sie, liebes junges Publikum, wissen, wer Robert Stolz war (er war der letzte Wiener Operettenkomponist des vorigen Jahrhunderts, wurde über 80 und starb 1975). Nun zur überholten Pointe: «Wenn Chris sich eine Freundin nimmt, dann ist sie Roberts Stolz!» So viel zu den Wortspielen, die so sinnlos und wahr sind wie die besten Schlagertitel: «Du kannst nicht immer siebzehn sein». Manchmal reicht es nur bis dreiundsiebzig …

Auf Wiedersehen, Chris, jetzt kannst du sie alle haben …

Was hat er, das ich nicht habe?

Giovanni di Lorenzo

Einer der einflussreichsten Journalisten Deutschlands ist Italiener – ein halber. Giovanni di Lorenzo. Ganz hatte ich es damals, 1988, nicht begriffen, warum nun er «3nach9» moderieren durfte und ich nicht.

Was hat er, das ich nicht habe, fragte ich mich, als mich Radio Bremen wieder dahin zurückschickte, wo ich damals hingehörte – ins Bremer Theater. Inzwischen – nach über dreißig Jahren – ist mir klar: Ich hätte den Talkmaster nur gespielt. Und Giovanni war einer, ist einer. Und bleibt bei allem, was er tut, immer ein Journalist, der sich sehen lassen kann.

Heute könnte ich ihm, was seine lässige Müdigkeit angeht, zwar nicht das Wasser reichen, denn Giovannis Wasser, das er seinen Gästen serviert, während er ihnen gleichzeitig wie nebenbei Persönliches entlockt, ist wahrscheinlich importiertes Weihwasser aus dem Vatikan. Albern, ich weiß. Schon allein aus diesem Grund – ständige Albereien – hatte ich anno 1988 völlig zu Recht den Talkmaster bei Radio Bremen, der kleinsten der ARD-Anstalten, nicht geben dürfen. Nach dem missglückten Casting als Talkmaster fühlte ich mich damals öffentlich-rechtlich klein und vermochte nur schwer zu schlucken, dass meine Testsendung die Redaktion nicht überzeugt hatte. Warum? Ich wollte doch nur spielen.

Giovanni hingegen spielte nicht. Er ist einfach dieser müde Lover, dem selbst eine hartgesottene Fernseh-Moderatorin wie Juliane Barthel als Gegenüber nicht widerstehen konnte. Ich hatte in meiner Test-Show einfach zu viel machen wollen mit ihr. Giovanni hingegen machte gar nichts. Scheinbar. Doch schon damals war die vom Neuling charmant zur Schau getragene Schläfrigkeit der geniale Bluff eines ausgeschlafenen Jungen.

Ich bezauberte niemanden. Ich spielte eine Rolle, die es gar nicht gab. Heute, mit siebzig, würde ich das «Talken» gekonnter «mastern», weil mir im täglichen Leben das Zuhören inzwischen mehr liegt als das Reden. Ich bin stiller geworden. Und heiterer dabei. Das ganze Leben ist eine Talkshow, aber die Mitwirkenden hören immer weniger zu. Manchmal habe ich den Eindruck, dass sie nur reden, wenn eine Kamera läuft. Augenzeugen von Katastrophen oder Überlebende eines Terroraktes sagen dann: «Es war wie im Film!» Als sei das Leben selbst gar nicht der Hauptfilm, und über ihrem eigenen Leben droht eine Wischblende alles von der Bildfläche zu schieben. Schicksal reduziert auf Handygröße. Schon die Dreijährigen wissen auf dem Ding ihr gerade erst begonnenes Leben mit einem Fingerchen wegzuscrollen.

Und was macht unser Giovanni – im Leben wie beim Talk? Er hört zu. Das wird im täglichen Leben immer seltener. Ich habe ihn privat in seiner ZEIT-Chefredaktion so erlebt. Mir erging es – alles Mögliche ausplaudernd – Schluck für Schluck wie seinen Gästen bei «3nach9»: Er nimmt uns persönlich. Sich selbst dagegen nimmt er dabei zurück.

Ich duze ihn und weiß noch immer nicht warum. Seltsam. Ich bin ein passionierter «Du-Verweigerer». Diese müden Augenlider Giovannis, bei deren Anblick manche Damen sonst was zu denken scheinen, sind mir vertraut, ohne den Mann wirklich zu kennen. Erkennen aber kann ich doch einiges. Einen praktizierenden Katholiken? Wohl eher nicht. Aber für das ZEIT-Gespräch mit Papst Franziskus im Frühjahr 2017 war sein fließendes Italienisch aus seiner katholisch geprägten Kindheit ein Vorteil, den er eher nutzte, als ihn zu genießen. Dank dieser Zugehörigkeit ohne religiöse Hörigkeit reichte das als Passepartout. Nicht fürs Paradies. Aber für ein Interview mit dem Stellvertreter Gottes allemal. Als er Gregor Gysi in dessen Talkshow «Miss-Verstehen Sie mich richtig» von seiner Audienz bei Papst Franziskus berichtet, bekommt diese eher etwas Beiläufiges: «Ursprünglich waren nur dreißig Minuten angesetzt, und da musst du dich entscheiden, was machst du, und ich hatte mich dann entschlossen, es mit Kinderfragen zu versuchen, also: ‹Glaubst du an den Teufel?›, ‹Wie betet man richtig?›, ‹Haben Sie selber manchmal Zweifel?› Und dass er sich darauf eingelassen hat, das war schon mal großartig und noch erstaunlicher war, dass er selber das Gespräch autorisiert hat. (...) Und eine Stelle hatte ich ihm extra hineingedreht, damit ich ihn an den anderen Stellen eher gnädig stimmen kann. Die Stelle war so: Zu der Zeit, als ich ihn interviewte, hingen in Rom so Spott-Plakate auf den Papst, so Parodien auf die Art, wie er redet und predigt und so weiter. Und da hab ich ihn gefragt, wie er diese Plakate denn fand? Und da sagte er, er muss zugeben, das war also recht amüsant und gekonnt gemacht. Das müssen kluge Menschen gemacht haben. Und dann habe ich nachgefragt: ‹Aus der Kurie?› Und dann sagt er: ‹Nein, ich habe Ihnen doch gesagt, es waren intelligente Menschen.› Und diese Stelle hat er stehen lassen.»

Diese lässige Art von Grandezza dürfte bei Di Lorenzo weniger erarbeitet als «genetisch bedingt» sein – so nannte das der verstorbene Satiriker Werner Schneyder, wenn ihm jemand anders als die Anderen erschien. Auch mir gegenüber. Das waren noch Zeiten, als man erst mal hinhörte, was oder warum jemand etwas über die Andersartigkeit sagte. Und dann erst aufschrie.

Meine Berliner Gelassenheit ist jedenfalls mit der Mentalität dieses Sohnes pommersch-italienischer Eltern nicht vergleichbar.

Selbst als «Don Giovanni» würde Di Lorenzo seinem «steinernen Gast» ein Glas Wasser reichen, worauf der sich peu à peu, anstatt seinen Job zu machen, um Kopf und Kragen quatschte. Singend. Heute alle «Drei nach Neune» noch mal gerade gehen lassend, geht er schließlich selbst unverrichteter Dinge ab. Ein im Weichspülgang besiegter Terminator. Typisches Talkshow-Opfer.

Ich kann mir diese Art Kompliment leisten, ohne auf die Schleimspur zu geraten: Denn mit siebzig hat man noch

Träume. Meine sind aber mittlerweile weder davon geprägt, Gastkolumnist bei ZEIT-Fritze Giovanni noch Senior-Talkmaster zu werden. Ich würde, wenn ich das unsinnigerweise noch einmal täte, zumindest nicht mehr versuchen, was ich damals als Mitte-Dreißiger in Bremen versucht hatte: Theater zu spielen! Heutzutage, eher getrieben vom Schreibtrieb als vom Spieltrieb: Als Porträtist anderer komme ich mir selbst ein Stück weit näher – durch die Schilderung von Menschen vom Schlage Di Lorenzos schreibe ich sie mir nicht zu dicken Freunden um. Es sind Seelenverwandte auf Distanz. Diese Art Umgang mit geistiger Verwandtschaft scheint mir die gesündeste. Altes jüdisches Sprichwort: «Mischpoke darfste haben, aber beese musste sein.»

Nein, böse mit solchen Medienpersönlichkeiten wie Giovanni di Lorenzo oder Hubertus Meyer-Burckhardt bin ich nicht, aber mit den meisten auch nicht per Du! Komisch. Weshalb sieze ich beispielsweise den Grandseigneur Hubertus Meyer-Burckhardt in seiner «NDR Talk Show» nach wie vor? Jenen Mann, der mir mit seiner literarischen Lebensbeichte «Diese ganze Scheiße mit der Zeit» für die Restzeit meines Lebens mehr zum Nachschlagen Anlass gibt als die längst verglühte Zigarette eines Helmut Schmidt? Weil mir nun doch ab und zu der Blues der Siebzig ins Gemüt bläst! Der schnell abkanzelnde Schmidt – einmal Kanzler, immer Bismarck, pardon: Kanzler! Aber eisern. Auch in Sachen Außenpolitik, als er meinte: «Wir sollten uns nicht in die inneren Angelegenheiten Chinas einmischen.» Wie gut, dass es zur neuen Weltlage und wie wir uns Russland gegenüber zu verhalten haben keine neuen Statements des verglühten Menthol-Zigaretten-Kanzlers gibt. Da greife ich lieber zu H. B. – Hubertus Burckhardt. Dann geht alles wie von selbst. Mit Sätzen wie: «Du hast zwei Leben. Das zweite beginnt, wenn Du begreifst, dass Du nur eines hast.» Die dann zutiefst menschliche Schilderung des Hubertus über seinen Kampf mit zwei Karzinomen, die er beschloss, «Freud» und «Kafka» zu nennen, grenzt an feinsinnigsten englischen Humor. Trotzdem sind die Wurzeln des H. M. B. zutiefst deutsch. Sein «home is in Kassel». Den Kalauer gönne ich mir. Wenn sich Giovanni di Lorenzo einen solch lächerlichen Kalauer bei «Schmidt-Schnauze» geleistet hätte … Hat er aber nicht. Giovanni macht keine Witze.

Manchmal erinnert er mich an den jungen Fellini aus des Meisters spätem Kinowerk «Intervista». Der blutjunge Filmjournalist Federico Fellini (gespielt von einem Schauspieler Di Lorenzo ähnelnder Ausstrahlung) darf in den Studios von Cinecittà einem kuhäugigen halbnackten Starlet in der Garderobe beim Schminken zusehen. Die Möchtegern-Diva beginnt das Gespräch, das nie eines werden wird, sondern der Monolog eines Mussolini-Starlets, mit dem Satz: «Stellen Sie sich vor, mein Lieber, heute Nacht habe ich etwas ganz Absurdes geträumt. Ich habe geträumt, ich sei dumm!»

Worauf der junge Mann seinen Kopf senkt und sich den Satz schüchtern nickend notiert. Sein sanftes Lächeln landet im Notizblock. Das ist der ewige Federico im alternden Giovanni in «3nach9».

Damals hatte ich meine Begegnung mit dem jungen und aufstrebenden Giovanni noch vor mir. Heute habe ich das alles hinter mir. Mein Leben ist ganz anders geworden. Aber er sitzt noch immer in aller Televista-Unschuld einfach mal so da und senkt kurz den Kopf, wenn sich jemand mal wieder blamiert; erspart seinem Talkopfer aber keinesfalls die unbarmherzig nachhakende Frage.

Er selbst entgeht, wenn er mal als Talkgast auftritt, jedem Senftopf. Mein Weg war diesbezüglich mit Sahnetorten und Senftöpfchen gepflastert. Ich habe aber dank jenes misslungenen Bremer Talkdebüts angefangen zu lernen, was ein Giovanni nie hat üben müssen: vorgetäuschte Müdigkeit, die sich als Wachheit entpuppt, wenn sich sein Gegenüber bereits in Sicherheit wiegt. Dann schlägt er zu. Mit Glacéhandschuhen.

Selber zu Gast auf Gregor Gysis Talkpodium «Miss-Verstehen Sie mich richtig», beschreibt er 2021 mit pommerscher

Schwermut, dank mütterlicher Gene und einer von italienischen Urvätern geerbten Gelassenheit seine katastrophalen Jugenderinnerungen an Hannover. Dorthin hatte es ihn als Deutsch-Italiener in den Siebzigern durch die «Gastarbeiter»-Eltern verschlagen. Das klingt dann im Rückblick bei ihm folgendermaßen: «Die Hannoveraner sind wahnsinnig empfindlich.»

Das spürte er in seiner dortigen Schulzeit als deutsch-italienischer Neuzugang, der auch noch zum Schülersprecher gewählt worden war: «Di Lorenzo, diesen Itaker, müsste man aufhängen!», hatte ein Lehrer gesagt. Als sich Schüler Giovanni beim Schulleiter darüber beschwerte, sagte der: «Sie wollen doch nicht etwa den guten Ruf unserer Schule beschmutzen!» So viel zu Hannover.

Gysi grinst: «Ich hab mich übrigens bei Gerhard Schröder restlos unbeliebt gemacht, weil ich als Senator (G. war kurze Zeit Berlins Wirtschaftssenator) zu ihm gesagt habe: ‹Eine Weltausstellung kann man sicherlich in Berlin machen, auch in München, auch in Hamburg, vielleicht noch in Köln – aber ganz bestimmt nicht in Hannover!›» Lorenzo senkt schmunzelnd den Kopf. Ganz Fellini.

Dass der ehemalige Ministerpräsident Niedersachsens nie den Kopf senkt und gar nicht an der Leine geboren wurde, sondern im ostwestfälischen Kreis Lippe, wird ihn bald vielleicht noch einsamer dastehen lassen als bisher. Andererseits: Wenn Hindenburg als Steigbügelhalter Hitlers immer noch von Hannovers Stadtvätern und ein paar Frauen als «Hindenburg-Damm» historisch «gehalten» wird – und keinem «Theodor-Lessing-Damm» weichen muss, was von wachen Geistern immer wieder gefordert wurde –, gab und gibt es Gründe. In den zwanziger Jahren waren es folgende: Weil Theodor Lessing, dieser als Nestbeschmutzer Hannovers geltende jüdische Publizist, den alten Reichspräsidenten einen «farblosen Charakter» genannt hatte und zu Hitler anmerkte: «Hinter manchem Zero steckt oft ein Nero.»

Und in Zukunft? Lessing mal links beiseite. Was wird aus zukünftiger Erinnerungskultur in Sachen Gerhard Schröder? Denn was ist die deutsche Reichsgründung durch Bismarcks eiserne Hand gegen die ruhige des ‹Kaschmir-Kanzlers›? Mit seiner «Agenda 2010» ist er doch so etwas von in die Geschichte eingegangen, dass da nur ein Problem in Sachen Frauenpower auf Hannovers Stadtväter zukommen dürfte: Wie bekommen die später alle seine Gattinen bloß auf die Gedenktafel an seinem Haus?

Udo Jürgens

Auf der Straße der Vergessenheit

Im Frühjahr 1968 war ich fünfzehn und konnte nicht ahnen, dass ich nur ein Jahr später als jüngster deutscher Moderator in «Hot & Sweet» – dem Vorläufer von «disco» im ZDF – das berühmte «Hair»-Ensemble zu Gast haben würde. Auch Go-go-Girls hatte ich nun zur Hand. Aber eine ruhige Hand hatte ich nicht. Meinen ersten Kuss auf einer Parkbank verdanke ich nach einer Show einem dieser Go-go-Girls. Aber die Jungfrau an jenem Abend war ich. Das unbekannte Go-go-Girl hieß übrigens Ingrid Steeger – später als TV-«Klimbim»-Ulk-Nudel in die Fernsehgeschichte eingegangen mit Sprüchen wie: «Andere Sender – andere Titten». Das war grob, aber zutreffend.

Das ZDF war eine verschlossene Anstalt. Ich war, offen gestanden, sexuell zu! Dann folgten die Wörthersee-Filmklamotten. Diese 1970er-«Tolle Tanten»-Filme mit Rudi Carrell und mir in Damenkleidern. Die brachten mich sexuell auch nicht weiter. Verbringen Sie mal, wie ich mit siebzehn, Ihre Spätpubertät als «Tolle Tante» im Minirock am Wörthersee! Ich lief jedem Rock hinterher und hatte selber einen an. Einmal hielt mich ein Autogrammjäger für Heidelinde Weis und war ganz enttäuscht, als ich mit Ilja Richter unterschrieb.

Mir ging es am schönen Wörthersee wahrlich nicht gut. Die Schlagersänger bekamen auch privat die schönsten Partnerinnen. Aber ich wollte weder eine gereifte Pippi Langstrumpf noch einen überreifen Blaustrumpf. Ich träumte von Filmstarlet Mascha Gonska, einer mir gleichaltrigen polnisch-deutschen Schönheit, und nahm einen Anlauf.

Ich trug an einem heißen Kärntner Sommertag nach Drehschluss einen von Chris Roberts heimlich ausgeliehenen, eng taillierten schneeweißen Anzug. Damals ging das noch. Kleider machen Leute, heißt es zwar immer, aber im Maßanzug eines anderen ist das Glück für einen selbst nie im Anzug. Ich fieberte meiner Verabredung entgegen. Und so stand ich also nun ganz in Weiß mit einem Blumenstrauß – selbstverständlich rote Rosen – gut geföhnt und fern der Heimat am Gestade des Wörthersees. Inmitten wild blühender Blumen will ich Mascha imponieren. Und erlebe eine meiner vielen jünglingshaften Enttäuschungen.

Ein Hubschrauber landet. Zwischen Baum und Borke sehe ich nur noch den Rocksaum der Gonska. Das heißt, von den wunderschönen Beinen sehe ich auch noch was. Der Hubschrauber steigt in die Lüfte und trägt meine deutsch-polnische Flamme davon. Mein Rosenstrauß verwandelt sich in Pusteblumen. Mascha winkt mir aus dem Cockpit. Welch ein Anblick.

Am Abend jenes vergeigten Tages drückt mir Mascha in der Hotelhalle als Trostpreis einen kleinen handgeschnitzten Stier in die Hand. «Das ist Bullit», sagt sie, und ich denk ‹Bullshit›. Sie sagt sanft: «Weißt du, Ilja, ich bewundere dich. Wenn ich nach Drehschluss tanzen gehe, schreibst du Sketche. Oder ich sehe dich mit deinen Eltern am Wörthersee flanieren. Ihr habt ein richtig schönes Familienleben.»

«Danke, Mascha!», erwidere ich und frage so bemüht nebenbei wie möglich: «Sag mal, wer war eigentlich der Hubschrauber-Pilot heute Mittag?»

Und Mascha strahlt: «Udo Jürgens. Er wollte mir sein Kärnten zeigen.»

«Und?», frag ich. «Hat er's dir gezeigt?»

«Ja», sagt sie. «Dreimal!»

Wo Mascha heute lebt, weiß ich nicht. Aber wo Udo Jürgens für immer liegt, das weiß ich. Auf dem Wiener Zentralfriedhof. Seinen Grabstein hat Udos Bruder Manfred entworfen: Ein in weißes Trauertuch gehüllter Konzertflügel aus Marmor.

Der Mann, den die Frauen liebten, hat seine meiner Ansicht nach originellste Liebeserklärung auch keiner Freundin mit den schönsten Augen oder Beinen gemacht, sondern einem Freund auf drei Beinen – seinem Flügel. Als Reim diente dem vorzüglichen Songtexter Wolfgang Hofer für die Jürgens-Komposition von 1972 das Wort: «Klavier». Logisch. Auf Flügel reimt sich höchstens «Bügel» oder «Prügel». Poetisch nicht sehr beflügelnd.

Wer das Flügel-Motiv für Udo Jürgens bereits fünf Jahre zuvor aufgegriffen hatte, war der Schauspieler und Talkmaster Joachim Fuchsberger. Aus dessen Feder stammen die Verse: «Was ich dir sagen will, bist du bei mir. / Ist so unsagbar viel, doch glaube mir, / Wenn du mich nicht verstehst, versprech ich dir: / Was ich dir sagen will, sagt mein Klavier.»

Joachim Fuchsberger hatte Udos einzigartiges Talent für gesungene «I»s erkannt. Wo es doch mit gesungenen «A»s und «O»s die viel schöner zu schmachtenden Vokale gibt! Und «I»s sind die am schwersten zu singenden Vokale … Dennoch konnte keiner so mit Leidenschaft geladene «I»s intonieren wie Udo Jürgens: «Siiiebzehn Jahr, blondes Haar!», «Merciiie, Cheriiie..!» oder: «Griiiechischer Weiiin …!»

Und da hat ihm der fuchse Schlauberger, äh, der schlaue Fuchsberger gleich eine ganze Kanonade von «I»s in seinen Text gedichtet: «Was iiich diiir sagen wiiill, sagt meiiin Klaviiier!»

Leider hat Udo Jürgens in Interviews so gut wie nie seine Autoren erwähnt. Deshalb hole ich es hier nach. Eines meiner Lieblingslieder aus Udos zeitkritischer Abteilung, das ihm das Image des hochintellektuellen Weltschmerz-Denkers verlieh, stammt von 1971 und – bei aller Liebe zu Udos Musik – vom Drehbuchautor und Satiriker Eckart Hachfeld.

«Lieb Vaterland; wofür soll ich Dir danken? / Für die Versicherungspaläste oder Banken? / Und für Kasernen, für die teure Wehr, / Wo tausend Schulen fehlen, tausend Lehrer und noch mehr.» Der geniale Texter dieser Zeilen, eben Eckart Hachfeld (1910–1994), war der Vater des «Grips-Theater»-Mitgründers und «Linie 1»-Autors Volker Ludwig (geb. 1937), und er schrieb ebenfalls bereits 1971 einen Udo-Jürgens-Song, der ins

Jahr 2021 führt: «In fünfzig Jahren mag wohl einer gehen / Und sucht Vergess'nes der Geschichte wieder. / Der wird dann unsre Träume liegen sehen, / Die großen Worte und die lauten Lieder./ Was heute zählt, ist dann Vergangenheit / Auf der Straße der Vergessenheit. // Satchmos Trompete, Marlenes Beine/ Und dort vom Mond die ersten Steine. / Von Hilde Knef ein Gruß an Berlin, Das ‹Yeah, yeah› der Beatles zum Orden der Queen. / Ein Stück Brot für die Welt in erstarrter Hand, / Ein Traum vom Europa, das nie entstand. / Die Linke von Cassius, Ein Tor von Pelé. / Meine Einsamkeit, mein Kamillentee. / Mein Publikum, das begeistert schrie: ‹Lieb Vaterland›, ‹Merci Chérie› / Glanz und Ruhm, zu dem wir heute beten, / Werden zu Staub, vergessen und zertreten / Stumme Zeugen der Vergänglichkeit / Auf der Straße der Vergessenheit.»

Die Straße der Vergessenheit ist lang. Jene aber, auf der wir mal zusammen zum Hotel fuhren, war kurz. Sie sollte für den passionierten Mädchen-Konsumisten Jürgens zur Sackgasse werden.

1977 war's. Köln-Porz leuchtete. Sonst nur mit dem Flughafen in Verbindung gebracht, brachte der Porzer Karnevalsverein immer wieder Stars in die Ab- und Anflug-Metropole. Anno '77 waren wir die Ordensträger: Der Udo (42) und ich!

Kurz nach Mitternacht. Die Sitzung hatten wir hinter uns. Ich lag bereits im Bett. Dann: Nächtlicher Tumult an der Rezeption. Porzer Mütter drohten dem völlig eingeschüchterten Hotel-Portier, auf der Stelle die Polizei zu rufen, wenn «Herr Jürgens» nicht unverzüglich ihre Töchter nach unten schicken würde. Eine Handvoll Funkenmariechen. Mir hätte schon eines genügt.

Ich war 24.

Mein Saturday-Neid auf Gottschalk

Meistens samstags stieg er in mir auf, dieser Neid auf den Meister der Leichtigkeit. Im Laufe der Zeit verwandelte er sich jedoch in ehrliche Bewunderung. Wenn auch mit leichter Verwunderung.

Leicht sein. Wie Thomas. Das kann man nicht üben. Man muß es sein. Lichtgestalten haben keine Bedenken. Sie bedenken sich vor allem erst mal selbst. Strahlen aus sich heraus. Das macht sie so persönlich in ihrem Wirken. Ohne den Anspruch, Tieferes damit zu bewirken. Ganz im Hier und Jetzt. Ein göttlicher Moment ohne Langzeitwirkung, bis auf die Tatsache, dass die ihn Verehrenden sich an diesen Moment erinnern und ihn immer wieder haben wollen. Was gar nicht möglich ist. Kein Moment ist wiederholbar. Aber Rituale, die das Idol ebenso braucht wie sein Publikum. Ein Master darf sich selbst nicht verändern und tritt göttergleich zeitlos in die Arena.

Meine Götter waren als Kind und Jugendlicher im Kino Jerry Lewis und Danny Kaye. Im Fernsehen waren es Theo Lingen und Rudi Carrell. Lingen und Carrell stehen, was Lachmechanismen betrifft, für deutsche Top-Mechaniker des Lachenmachens! Ein Schauspieler der Eine, und Alleinunterhalter der Andere. Rudi kam als Holländer zur Welt und starb als Deutscher. Das sieht man allein schon an der Form, wie Rudi starb. Als Deutschland 2006 die WM verloren hatte, sagte er als Krebspatient im Sanatorium in Anwesenheit der ganzen Familie: «Scheiße. Das war's.»

Noch deutscher kann ein Niederländer nicht sterben. Burgschauspieler Theo Lingen wiederum kam als Deutscher zur Welt und starb laut Pass als Österreicher.

Was das alles mit Gottschalk zu tun hat? Mehr als Sie ahnen. Das waren die Götter vor Gottschalk. Carrell kaufte und klaute und übte am laufenden Band Gags. Und Deutschland lernte über den nationalen Biedermannshumor hinaus, was alles wirklich komisch sein konnte. Das hatte Weltcharakter. War ja auch oft weltweit Geklautes. Auch das will gekonnt sein. Und Lingens Weg als Charakterschauspieler deutscher Bühnen war dennoch mit Sahnetorten gepflastert.

Gottschalks Weg wiederum war zwar nicht mit Torten, aber mit Gummibärchen gepflastert. Und über alle drei Männer: Gottschalk, Carrell und Lingen, hat Deutschland gelacht. Gewiss, da war noch ich, der Lingen und Carrell seine Götter nannte. Und Loriot konnte sich schließlich nicht um alles kümmern in dieser witzlosen Republik. Dieser geniale, unendlich fleißige Schöpfer von Komik. Nichts geklaut. Bei Gottschalk nun ist nichts zu finden, was er entwenden oder geistig jemand anderem hätte wegnehmen können. Nichts Geklautes. Nichts Geübtes. Nichts Inhaltliches. Heute reflektiert er in Büchern über sein gekonntes Produzieren von Nichts. Das hat ansatzweise Geist. Aber damals war es souverän gefüllte Leere. Was erst mal Raum schafft für die anderen, die eine Vorgabe liefern. Die Pointe steigt dann aus dem «Nichts». Wobei es natürlich etwas Großartiges ist, eine ganze Karriere aus dem Moment heraus mit spontanen Sprüchen zu beginnen.

Der Komiker übt sich zu Tode. Gottschalk hat nichts, was er üben müsste. Er lebt vom Moment des anderen. Diesen Moment nutzt er. Genial war Chaplin in der schweren Arbeit, Komik zu berechnen. Sie tänzerisch umzusetzen. Gottschalk rechnet mit nichts. Er spielt Luftgitarre. Die aber virtuos. Er lebt vom Vakuum des anderen, das er dann füllt. Alles begann in den frühen Achtzigern damit, dass ein völlig unbekannter Thomas als TV-Reporter bei «Wetten dass..?» mit Spielmeister Frank Elstner, anstatt von einer Außenwette zu berichten, einen Witz auf Kosten von Maria Schell machte, die bis dahin mit sinnlosem Gelache und nicht zu stoppender Leere den humorarmen Frank Elstner samt Publikum genervt hatte. Da fiel die Pointe des Außenmannes Gottschalk ins Innere, nachdem die Schauspielerin dem mäßig begeisterten Sänger Placido Domingo vorgeschlagen hatte, mit ihr ein Duett zu singen. Gottschalk erinnert sich daran in seinen Memoiren:

«Es brummte ein Flieger über das Stadion und störte den Ton. Ich blickte zum Himmel und erlaubte mir die Bemerkung: ‹Das ist wahrscheinlich Plácido Domingo auf der Flucht vor Maria Schell.›» Der Saal lachte, Frank Elstner lächelte. Vom Eise seiner eigenen Humorlosigkeit befreit, befreite ihn der Sender bald von seiner eigenen Show. Mit Elstners Lizenz zum Lachen hielt Frank als Erfinder von «Wetten dass ..?» weiterhin alle Senderechte und überließ, nicht gerade freiwillig, aber gut abgesichert, dem neuen Meister der Leichtigkeit das Unterhaltungsfeld. Ein nicht sehr weites. Denn Deutschland war bis dahin ein enges. Thomas Gottschalk kam, sah und siegte: Kickte, bis auf Carrell, Kulenkampff und Loriot, alles beiseite. Gottschalks Schullehrer, den er selbst in seinen Memoiren «Herbstblond» selbstironisch zitiert, sollte Recht behalten, als er dem jungen Thomas attestierte: «‹Sie verstehen es meisterhaft, eine weitgehende gedankliche Leere durch sprachlich hohes Niveau zu überdecken.› Dieser Satz brachte mich auf die Idee für mein späteres Berufsmodell.»

Damit konnte ich nicht konkurrieren. Ich packte meinen Witzekoffer mit den 1000 Pointen erschlagener jüdischer Spaßmacher und verstand erst langsam, heute nahezu komplett, was geschehen war. Genau das Richtige. Auch wenn es mich damals schmerzte. Die Unbedenklichkeit eines Gottschalk hätte ich nie erreichen können. Bei jeder misslungenen Wette hätte ich das als peinlich empfunden. Für die Kandidaten. Und mit Siegern konnte ich noch nie etwas anfangen. Und spätestens beim Sturz des «Wetten dass ..?»-Kandidaten Koch in sein neues Leben als gelähmter Mann hätte ich das Studio als Tatort fluchtartig verlassen. Nicht als besserer Mensch. Und ein Gottschalk ist auch kein schlechterer seitdem. Aber er sendet, also ist er. Privat ist er wer auch immer. Sein Geheimnis. Womit wir aber wieder bei den Lichtgestalten sind: Sie strahlen aus sich heraus, und das geht nur, wenn da nichts weiter ist als sie selbst und das von ihnen ausgehende Licht. Ausgehen darf es jedoch nie. Wenn doch, liegt es nicht am eingeschlafenen Beleuchter.

Und das sagt ausgerechnet einer wie ich, der «Licht aus, Spot an» erfunden hat. Ganz recht, denn ich hatte damals mit achtzehn nicht bedacht, was ich heute mit siebzig weiß: dass der Spot mit seiner Strahlkraft von der Dunkelheit lebt. Diese zuzulassen und gerade den Schattenspielen Schönheit abzugewinnen, ist mehr eine Frage des Gemüts als der Gemütlichkeit. Und falls auch Gottschalks Herz mehr als nur ein Muskel sein sollte: Meins bleibt meins.

Großmama

Porträt ohne Gesicht

Im Restaurant. Mutter glücklich. Sie ist zufrieden mit mir. Ganz ihre Schule. Die Leute haben heute wieder furchtbar über mich gelacht. Stolz sitzt sie da. Mein Weißclown. Schwarze Seidenbluse, Maokragen. Goldene Knöpfe und wie immer – ein weißgeschminktes Gesicht, aus dem der signalrote Mund leuchtet. Mittelscheitel. Spanischer Dutt. Ein schwarz beblustes, goldbeknöpftes Dreivierteljahrhundert sitzt mir gegenüber. Solange sie schweigt, könnte sie glatt als letzte Geheimnisträgerin der Romanows durchgehen. Als verarmte Adlige. Blond gefärbt ist sie einst durch Nazideutschland geflohen. Auf arisch getrimmt durch einundzwanzig Städte geflohen – mit einem lebensgefährlich jüdisch aussehenden Kind unter dem Arm (meinem Bruder). Schwarz gefärbt sitzt sie mir vis-à-vis. Im Restaurant. Im Nobelrestaurant. Ein paar kleine weiße Haare haben dem Chemieangriff ihres Friseurs getrotzt. Ich mag Einzelgänger! Manchmal, wenn sie gar nichts sagt, dann liebe ich sie mit meiner ganzen Zärtlichkeit, die Großfürstin, die keine ist und die den Mund aufmacht, preußischberlinisch, und futsch sind die Romanows!

«Also nun sag doch endlich, was wird denn das nun für ein Buch?»

Eine Pause entsteht. Und aus knallroten Lippen springen die Worte:

«Du willst mich reinlegen! Ich spür's!»

Ich reagiere schnell und sage: «Eine psychologische Studie über das Verhältnis Albert Speers zu seiner Mutter.»

«Das kannst du deiner Großmutter erzählen!»

«Mütterlicherseits?»

Nun lachen wir. Und hätten wir auch nicht gelacht – ihre Mutter, also meine Großmutter, wird auch durch pietätvolles Schweigen nicht mehr lebendig. Sie starb in Auschwitz. 1944. Ich habe der Frau und damit allen anderen im Büchlein «Der deutsche Jude» ein paar Seiten gewidmet. Aus der Sicht meiner Mutter, als sei's ein Stück von ihr. Ein surreales kleines Stimmungsbild über eine kaisertreue Kleinbürgerin, deren Lieblingsspruch lautete: «Tue nichts Böses, dann geschieht dir nichts Böses.»

So also schrieb ich im Namen meiner Mutter:

> 1943, Berlin-Mitte, Weinbergsweg 3. – Eine Frau schaut stundenlang aus dem Fenster. Wenn sie nicht gerade einen Spaziergang macht. Durch 80 qm Deutschland. «Guten Morgen, Vitrine. Wie geht es Ihnen? Fehlt Ihnen etwas? Ach so, Sie vermissen Ihr Kristall, die graziösen Römer und zierlichen Mokkatassen! Regen Sie sich nicht auf. Sie haben einen sicheren Platz bei Albrechts unten im Parterre. Die Portiersleute sind anständig. Wenn der ganze Spuk vorbei ist, das versichere ich Ihnen, hole ich alles wieder ab. Auch den Persianer. Und jetzt entschuldigen Sie mich – ich muß mal eben schnell meinen Schrank trösten.»
>
> So spricht die Frau, jeden Zeugen aus der guten alten Zeit grüßend, als der Kaiser noch im Kinderzimmer hing, und spaziert durch 80 qm Labes in Pommern am Weinbergsweg 3 in Berlin. Vis-à-vis von «Carows Lachbühne».
>
> Und sie schlagen die Tür ein. Voller Wucht! Und zerren die alte Frau auf die Straße, schütten ihr einen Eimer Wasser über den Kopf, als sie sich zu Boden wirft, weil sie nicht in den Lastwagen steigen will.
>
> So war das damals am Weinbergsweg, und alle haben es gesehen.

Und mein Bruder hat alles gelesen. Und machte meiner Mutter nach der Lektüre ein großes Kompliment: «Mein kleiner Bruder ist ja nicht mal fähig, einen vernünftigen Satz zu bilden; aber dein Kapitel über Großmama Margarethe – das sitzt! Großartig. Besonders die «80 Quadratmeter durch Deutschland». Du weißt schon … richtig gut, Mama!» So hat mir Mutter das erzählt. Und ich war richtig stolz! Er hatte mir die mütterlichen Worte aus meiner Feder abgenommen. Ich fühlte mich sehr wohl in «meiner» Haut als unsere Mutter. Ich weiß, das ist heikel, ich kenne meine Alice Miller, aber den verbummelten Schlüssel will ich morgen suchen. Ich will auch mal meinen Spaß haben. Und nach einer Elternaustreibung à la Volker Pilgrim auf meine alten Tage doch noch schwul zu werden, habe ich keinen Bock. Und ich will auch verdammt noch mal kein depressiver Dichter werden, ums Verrecken nicht.

Vielleicht hatte ja diese Berliner Lektorin wirklich recht, als sie sagte: «Sie haben einen hundertprozentigen Papavogel!» (Wie alle Muttersöhne, sage ich.)

Ich hab mir vom Vater so manche Umarmung geholt. Er war körperlicher als Mutter. Zärtlicher. «Du wirst mal ganz groß», sagte er, «ich versprech's dir.» Dabei habe ich ihn ganz schön klein gemacht. Gemeinsam mit seiner Frau – meiner Mutter. Ohr an Ohrensessel schrieben wir uns in die Herzen der TV-Nation. Mit lustigen Szenen fürs Jungvolk der siebziger Jahre.

Wir waren ein seltsames Paar. Und Vater stand in der Küche und spülte die Vergangenheit ab. Neuneinhalb Jahre KZ. Und nicht mal Jude. Sorry. Mit der roten Ersatzreligion wurde er nie fertig. Nicht mit der sohnemannverliebten Frau. Mutter und Sohn tauschten Zärtlichkeiten aus, aber nie ohne Schutz. Immer mit dem Bildschirm dazwischen. Wie Erfolg schmeckt, weiß ich. Wie ein Kuss von Mutter schmeckt, weiß ich nicht. Sie küsste keines ihrer vier Kinder. Sie lobte, tadelte, streichelte allenfalls. Nicht einmal mich hat sie geküsst, obwohl ich ihr Mozart war. Und das ohne Klavier. Muttersöhne sind Kinder auf der Suche nach dem verlorenen Kuss.

Mein großer Bruder

Mit fünf! Er war der Vor-Mozart. Als ich noch nicht da war. Der Auserwählte; wenn Sie verstehen, was ich träume ... Mein Bruder erscheint mit erhobenen Händen, Schirmmütze, umringt von deutschen Wehrmachts-MPs. Damals, als die Mutter auf «arisch» getrimmt und mit falschen echten Papieren durch einundzwanzig Städte floh. Mit einem «verdammt jüdisch aussehenden Kind» auf dem Arm. Meinem Bruder. Wie sieht man aus, für dieses Mordsvolk, wenn man «jüdisch aussieht»?

Man hat nur Juwelen im Kopf und spricht mit erhobenen Armen. So hebt er also die Ärmchen, mein Bruder, wie das polnische Kind. Auf dem Foto, das heute noch herhalten muss an staatlich gebuchten Betroffenheitstagen. Es ruft:

«Ich bin jüdisch. Dank Hitler. Noch geht es um Leben und Tod. Aber: Ohne Verfolgung werde ich ein Nichts sein. Nie mehr dir nah sein – komm, Mutter. Komm. Zeig deinen arischen Pass, den gefälschten.»

Und Mutter zeigt. Spricht in fließendem Deutsch. Und sie lassen sie ziehen: Mutter und Sohn. In dieser Beziehung ging es unserer Mutter nicht anders als jener, der polnischen, mit ihrem Sohn im Warschauer Ghetto.

Die Polin sprach fließendes Deutsch, und die Jäger ließen sie ziehen. Dank der Redegewandtheit unserer Mütter und ihrer Schönheit mit Sicherheit auch – kamen sie durch. Die Wenigen unter den Vielen.

Mein Bruder war in der Synchronbranche tätig.

Bruderliebe im Dunkeln. Nie original. Vorhang.

Willy Schöne

Mutiger Retter unserer Mutter

Der jüdisch strenggläubige Geschäftsmann Paul Basch, ab 1933 wirtschaftlich durch Zwangsverkauf seines Wäschegroßhandels ruiniert und menschlich entehrt, starb 1935 in einem Krankenhaus. Seine Frau Margarethe, geborene Krohner, sowie ihre Schwester Fanny, kaisertreu, ansonsten unpolitisch erzogen, wurden 1944 vergast.

Einzige Überlebende der weit verzweigten Verwandtschaft Basch/Krohner ist unsere Mutter Eva Basch. Dank der Hilfe des Steuerberaters der Familie Basch, Willy Schöne, ein Kriegskamerad Pauls von 1916 und bald darauf sein bester Freund. Er hatte geschworen, sich immer um die Familie zu kümmern.

Vor mir liegen ein paar Quittungen der postlagernd von Willy Schöne gesandten Geldbeträge an die Tochter Eva. Sie nannte sich Eva Maria Eppens, entkam Denunziation und Gestapo durch immense Wachheit und Hilfe weniger Mitwisser und heiratete 1945 meinen späteren Vater, den damaligen Bezirksvorsteher von Berlin-Reinickendorf, Georg Richter – ein kommunistischer Widerstandskämpfer, der durch Verrat neuneinhalb Jahre im Zuchthaus und KZ verbracht hatte.

Die erhaltene «Wanderpersonalkarte», ein Provisorium für «ausgebombte Reichsdeutsche», hatte unserer Mutter ein judenfreundlicher Beamter ausgestellt. Diesen lebensrettenden Tipp, sich jenem Mann zu erkennen zu geben, erhielt sie von Hans Gerald, dem Hausregisseur der Revuebühne «Kasperletheater», die sie eine Zeitlang als Statistin beschäftigt hatte und um ihre jüdische Identität wusste! Auch als Filmkomparsin wagte sie 1935 in «Vergißmeinnicht» bei der Itala-Film-GmbH, in der gefilmten Masse «unterzutauchen».

Dank besagter «Wanderpersonalkarte» bezog Eva Nahrung und ab November 1942 auch Kinderkleidung für ihren unehelich geborenen Sohn Michael.

Auf meinem Schreibtisch liegt aber auch ein Gerichtsdokument. Dabei handelt es sich um die Vorladung Willy Schönes, der als ein dem Jugendamt bekannter sogenannter Papiervater von «Michael Eppens» versicherte, mit der ledigen Mutter Eva Maria Eppens Mitleid gehabt zu haben, was bei früherer Enttarnung von Eva Basch für Mutter und Kind tödlich gewesen wäre. Und für Willy Schöne ebenso.

Sein empörtes Auftreten als strammes NSDAP-Mitglied und braver Volksgenosse gipfelte darin, dass er nicht nur über sexuelle außereheliche Verdächtigungen in Sachen Kindsmutter Eppens völlig erhaben sei, vor allem aber Käse produziere. Kriegswichtigen Käse zwecks Ernährung der tapferen Soldaten an der Front. Das klingt nach Komödie und ist dennoch nur eine Szene aus dem Leben des Willy Schöne. Steuerberater. Käseproduzent. Mutiger Lebensretter.

Nicht zufällig nennt sich mein Bruder heute nach wie vor Michael Georg Willy und ehrt durch die Wahl jener Vornamen zwei großartige Männer: Georg Richter, der ihn 1945 adoptierte, als er unsere Mutter Eva heiratete, und Willy Schöne, der ab 1942 als «Papiervater» entgegen geltenden Nürnberger Rassegesetzen «unwertes Leben» gerettet hat. Im Nachkriegsdeutschland lehnten die Berliner Jüdische Gemeinde und das Entschädigungsamt der Bundesrepublik jeglichen Anspruch Willy Schönes auf «Wiedergutmachung» ab – obwohl seine Mittel durch die dauernde Unterstützung Evas vollkommen erschöpft waren. Belege gab es nicht, nur die Aussage Evas; das reichte nicht. Wirtschaftlich geschädigt, ohne Rücklagen und seelisch tief verletzt, starb der Retter unserer Familie im Jahr 1959 in Berlin.

Frei nach Reinhard Mey: Und nach Mördern und Verbrechern werden Flughäfen benannt.

Hans Rosenthal

Wenn ich an den Tod denke, muss ich an die *taz* denken. Weil ich eine Zeitlang eine Art Nachrufexperte für das Blatt war, schlecht bezahlt, aber gut gelaunt. Renée Zucker hatte mich empfohlen, meine erste Auftraggeberin war Christiane Peitz, die heute für den «Tagesspiegel» arbeitet. Ich sollte «Ginger und Fred» von Fellini rezensieren. In einem Leserbrief wurde die Frage gestellt, wer sich hinter dem Pseudonym «Ilja Richter» verberge. Ich verbarg mich doch gar nicht! Ich war nur unsichtbar geworden.

Wie gesagt, ich wurde Spezialist für Nachrufe. Wenn mal wieder ein deutscher Showstar oder Fernsehmensch gestorben war, fiel den *taz*-Kollegen offenbar sofort mein Name ein: Lebenslicht aus – Ilja anrufen!

Ich habe nicht ungern Nachrufe geschrieben, gerade weil ich die Toten meist kannte oder sogar mochte. Und weil ich traurig war, während ich schrieb. Auf diese Weise konnte ich ihnen noch einen Freundschaftsdienst erweisen. Mit meinem Nachruf sammelte ich meine Gedanken über sie und nahm selbst Abschied. Zum Beispiel von Hans Rosenthal.

«Herr Rosenthal», der für mich Hans war, ist tot. Mir graute vor seinem Begräbnis. Wenn das nämlich so ausfallend ausgefallen wäre wie jene böse schwarze Show für Peter Frankenfeld, weiß ich nicht, was ich getan hätte. Damals trampelten Fans über die Gräber, um Autogramme der prominenten Trauergäste zu ergattern.

Zu wem passt der Tod schon? Zu diesem Mann am wenigsten. Zu ihm passte es, Zukunftspläne für die nächsten zwanzig Fernsehjahre zu schmieden. Pläne, die von der Presse oft kritisiert wurden, aber beim Publikum immer ankamen.

«Ankommen», das magische Zauberwort der Showleute. Bei Hans kommt noch etwas Entscheidendes dazu: Als Jude die ganze Familie verloren zu haben – auf weggemordete Weise, als kleines Kind im Verschlag einer Laube von einer mutigen Frau versteckt, immer in Angst, entdeckt zu werden. Auf die Freiheit zu warten, lässt zwei Möglichkeiten zu: Entweder du kämpfst nach der Befreiung ein Leben lang gegen den Faschismus. Oder aber du wirst nach dieser Apokalypse ein lebenshungriger Verdrängungskünstler.

Rosenthal hatte Helmut Kohl bei sich daheim zu Gast, nahm den Bundesverdienstorden entgegen, ließ bei «Dalli Dalli» nie ein Wort gegen den Strom fallen. Gewiss, das ist nicht deine und nicht meine Welt. Aber: Wenn du ihm das verübelst, musst du dem jüdisch-konservativen Lager der zwanziger Jahre vorwerfen, genauso national wie die anderen, genauso blind wie die anderen und überhaupt genauso wie die anderen gewesen zu sein.

Hans Rosenthal nahm den Mittelweg. Er lehrte eine ganze Nation, die nach dem staatlich organisierten Massenmord einen Antisemitismus ohne Juden pflegte, gerade ihn zu lieben. Ich habe ihn sehr gern gehabt.

Im deutschen Journalismus lässt man Nachrufe auf Juden gern von anderen Juden schreiben. Da ist man auf der sicheren Seite und muss sich nichts nachsagen lassen. Und Rosenthal war für die linke *taz* ein besonders schwieriger Toter, wegen seiner CDU-Nähe. Lasst das mal den Ilja machen!

Und ich machte. An das hinreißend inkorrekte jüdische Sprichwort hielt ich mich nicht, das da lautet: «Man soll Toten nichts Gutes nachsagen.»

Brigitte Horney

Die ewige Julia

«Musste das sein, gnädige Frau?!», fragte Goebbels (der Krieg war schon voll im Gange), und der Filmstar muss doch wohl dem Propagandaverbrecher die passende Antwort gegeben haben, denn prompt war Funkstille. Im Telefonhörer? Nein, im Deutschen Filmgeschäft – für die Horney!

Was war geschehen? Die Künstlerin hatte sich erlaubt, einen russischen Kameramann zu heiraten. Konstantin Irmen-Tschet hieß er. Musste das sein? Jawohl! Andere ließen sich in diesen Zeiten von ihren jüdischen Ehepartnern scheiden. Rühmann zum Beispiel. Ob nun auf Drängen von oben oder nicht, spielt doch eigentlich keine Rolle.

«Mischehen», wie das im Original-Reichston hieß, die also vor 1933 geschlossen worden waren, wurden, wenn man sich unauffällig, sprich: angepasst verhielt, in Ruhe gelassen. Aber auch nur bis zu einem gewissen Zeitpunkt. Karriere machen konnte man allerdings mit so einem «nichtarischen Klotz am Bein» nicht. Der Theaterstar Joachim Gottschalk zum Beispiel wählte mit seiner jüdischen Frau und seinem kleinen Sohn den Freitod. Man fand die Familie bei aufgedrehtem Gashahn in der Küche ihrer Wohnung. Die Gestapo kam zu spät. Zwecks Abholung!

Zu spät kam auch Brigitte Horney! Sie war für den Kollegen nach Zürich geflogen, um dort am Schauspielhaus ein Engagement zu ermöglichen. Drei Filme hatte sie mit Gottschalk gedreht. Sie selbst, immer eine Nonkonformistin, riet dem Freund, auf die Scheidungsforderung einzugehen, damit Frau und Kind unversehrt ins Ausland reisen dürften, wie es Goebbels garantierte.

Gottschalk widerstand! Gustav Knuth riet ebenfalls, auf Goebbels' brutalen Vorschlag einzugehen, um noch brutalere Folgen zu vermeiden. Gottschalk widerstand! Erst danach entschloss sich die Horney zur kollegialen Hilfsmission nach Zürich. Die Verstrickung in jene Familientragödie, aber eben auch die Heirat mit einem Russen und vielleicht auch nichtopportune Bekanntschaften und Freundschaften etwa mit Erich Kästner, der am Küchentisch der Horney in der Kaiserstraße in Babelsberg das Drehbuch für «Münchhausen» geschrieben hat, mögen dazu beigetragen haben, den Namen Brigitte Horney auf die Nichtbeschäftigungsliste zu setzen.

Kästner hat das Drehbuch übrigens unter dem Pseudonym Berthold Bürger und mit «inoffiziösem» Okay des Propagandademagogen geschrieben. Die Zarin Katharina II. in «Münchhausen» war aber auch die letzte Filmarbeit der Horney während des Faschismus.

Die Frau, die von 1934 bis 1942 in zwanzig Filmen mit Disziplin, Präzision, aber eben auch besonderem Einfühlungsvermögen in verschiedensten Charakteren brillierte, floh 1945 über Salzburg in die Schweiz. 1945 berichtete die *New York Times*: «Brigitte Horney ist tot!»

Die Zeitung hat sich um dreiundvierzig Jahre verrechnet. Brigitte, die Tochter der berühmten Psychotherapeutin Karen Horney, sollte noch viele interessante Wege beschreiten. Einer davon führte in die Theaterwelt, aus der sie einst gekommen war, zurück. 1930 als Max-Reinhardt-Preisträgerin lehnte sie einen lukrativen Ufa-Exklusivvertrag zunächst ab, weil sie in Würzburg im festen Engagement ihre wichtigere Aufgabe sah. «Der Film kann warten!», sagte sie. Er holte dann aber doch sehr schnell die Theaterschauspielerin ein und machte aus ihr einen Filmstar. 1934 hieß ihr erster Spielfilm ausgerechnet «Abschied».

Im März 1946 spielte sie in Zürich, nun als reife Schauspielerin, in der Uraufführung von Max Frischs «Santa Cruz» und 1949 in Frischs «Als der Krieg zu Ende war». Sie heiratete in zweiter Ehe den Bostoner Museumsdirektor Professor Hanns Swarzenski, begeisterte sich immer mehr für die moderne Kunst, pendelte zwischen Amerika und Deutschland und verstärkte nach dem Tod des Ehemannes 1985 ihre TV-Aktivitäten. In der Serie «Jakob und Adele», einer wilden Rentner-Ehe, spielten die Horney und der Schroth das, was wir uns alle noch im hohen Alter erträumen: ewig Liebende. Adieu, Julia! Ade, Adele!

Diesen Artikel schrieb ich für die *taz* am 30. Juli 1988. Erst nach dem Mauerfall sah ich besagte Villa in Babelsberg, in der Kästner vielleicht nicht nur am Küchentisch der Diva Horney gesessen haben mag. Aber vielleicht liebte Brigitte ja diesen Mann auch gar nicht und ihr reichte «ihr Russe» – der Kameramann, Konstantin Irmen-Tschet. Bei dieser Konstellation standen die Chancen für Sex mit Erich zumindest nicht schlecht, wie wir es nicht erst seit dem herrlich indiskreten Buch von Florian Illies, «Liebe in Zeiten des Hasses», wissen. Vielleicht wollte ich es auch nicht so genau wissen; man kennt das. Werden die Idole vom Sockel geholt, bleibt vom goldenen Schein nur der Bimsstein.

Ich sah Frau Horney wenige Jahre vor ihrem Tod, fragil und doch mit recht wachen Augen am Flughafen Tegel. Sie flog mal wieder nach Boston. Zu ihrem zweiten Ehemann. Ich flog nach München zu meiner Show.

«Ich verehre Sie, gnädige Frau», sagte ich in der Flughalle, da sie mich so verschmitzt angelächelt hatte.

«Und Sie amüsieren mich!», sagte die Horney.

«Weil ich Sie verehre?»

«Nein, ich hab Sie in den komischen Sketchen gesehen. Sie passen da gar nicht rein.»

«Ich weiß. Aber das ist der Erfolg der Sendung. Ich bin der Falsche am richtigen Platz!»

«Das müssen Sie mir ein anderes Mal erklären.»

Ich habe sie nie wiedergesehen. Diese wundervolle Frau, an deren Küchentisch Kästner 1942 das Drehbuch für «Münchhausen» schrieb. Für den Meister der Lüge.

Peter Bosse

Als Hitler das jüdische Kind streichelte

«Ihr Nachruf ist inkorrekt. Das senden wir nicht», sagte der Radioredakteur.

«Aber das jüdische Kind wurde wirklich von Hitler gestreichelt.»

«Soso. Und wo?»

«Am Kopf.»

«Nein, ich meinte, wo bitte topografisch?»

«Ach so. In der Reichskanzlei hat Hitler es ...»

«Gestreichelt?»

«Ganz recht. Dezember '37, und ...»

«Sie wollen mir erzählen, dass ein jüdisches Kind ...»

«Halb. Nach den Nürnberger Gesetzen galt Peter ab 1935 als ‹Halbjude›.»

«Darauf kommt es jetzt nicht an, Herr Richter.»

«Damals schon. Nur als sogenannter Halbjude und geschützt durch seinen ‹arischen Vater›, Dr. Kurt Bosse, bekam der ‹nichtarische› Peter die Erlaubnis, in dem Ufa-Film ‹Vergissmeinnicht› ein mutterloses Kind zu spielen. Da war er fünf Jahre alt. Peters wirkliche Mutter war Jüdin. Und sie war ebenfalls bei Hitler in der Reichskanzlei zu Gast.»

«Wo der Judenfresser ihr die Hand geküsst und deren Sohn gestreichelt hat? Lieber Herr Richter, wir sind hier in der Kulturredaktion und nicht beim Kinderfunk. Wer hat Ihnen diesen Unsinn überhaupt ... Ich meine, von wem haben Sie das?»

«Na, von ihm selbst!»

«Ach, der kann ja viel erzählen, wenn der Tag lang ist.»

«Nein, kann er nicht. Er ist tot.»

«Mir ist bekannt, dass Hitler tot ist.»

«Nein. Der lebt. Zieht nur immer wieder um. Heute ein Umzug nach Chemnitz und morgen ...»

«Also wenn Sie mir hier polemisch kommen ... Wie heißt denn nun das Kind vom Hitler?»

«Wie bitte?»

«Sie bringen mich ganz durcheinander. Also, das Judenkind, das vom Hitler ...»

«Peter Bosse.»

«Ich kenne nur den Musiker Bosse. Indie-Pop. Guter Mann.»

Am Ende des Gesprächs: Keine Ehrung für Bosse!

Hans Rosenthal schaffte es beim RIAS bis zu seinem eigenen Platz in Schöneberg. In Deutschlands Radiokulturlandschaft schaffte es der tote Radiomann Peter Bosse nicht mal auf einen Sendeplatz von zwei Minuten. Vielleicht war sein Radius zu Lebzeiten zu klein. Aber er gründete immerhin das «Spreeradio» für Leute ab 50. Nicht meine Welle. Aber ehrenhaft durchaus.

Inzwischen hat RTL den Seniorensender geschluckt, und bei den Luxemburger Jungs gibt es kein Altern. Also auch keine Ehrung für den am 21. September 2018 verstorbenen Gründer-Boss. Jetzt versuche ich also hier mal etwas in Richtung Bosse-Bio.

Wenn der bürgerlich-christliche Jurist Kurt Bosse nicht, trotz des Drucks der Nazis, an der «Mischehe» mit Hilde Maroff, einer deutsch-jüdischen Schauspielerin, eisern festgehalten hätte, wäre deren Sohn Peter nie zum Kinderstar bei der Ufa avanciert. Als mutterloses «Peterle» rührte er das deutsche Kinopublikum. Doch was 1935 und 1936 von der Mutter geschickt vor der alles überwachenden Reichskulturkammer hatte kaschiert werden können, führte ab dem Kriegsjahr 1939 zur Flucht in den Untergrund.

Kurt Bosse wurde zur Strafe für seine Zivilcourage in eine Strafkompanie gesteckt und überlebte die Nazis. Aber nicht den Kommunismus.

Leider gibt es keinen Live-Mitschnitt von Hitlers Tobsuchtsanfall, als ihm klar wurde, einer jüdischen Mutter die Hand geküsst und ihren Judenjungen gestreichelt zu haben. Skandal in der Reichskanzlei! Da hatte Goebbels gepatzt. Dabei hatte der kleine Kinderstar doch nur wie die großen Stars Rühmann und George in der Friedrichstraße für das Winterhilfswerk mit der Sammelbüchse gestanden.

Laut Filmkurier vom 6. Dezember 1937 sieht man «den kleinen Schauspieler Peter Bosse» am Tag der Nationalen Solidarität seiner solidarischen Pflicht nachgehen. Leider gibt es kein Foto, wie Peterle in Begleitung der Mutter beim Führer die volle Büchse abgibt.

Dafür ist immerhin folgender Trialog in der Reichskanzlei im Dezember 1937 überliefert:

«Hast du 'ne Batterie?», fragt der kleine Bosse den Oberboss.

«Was meint der Junge?», fragte Hitler. Worauf einer seiner Vasallen antwortete: «Eine Batterie für Ihr Schiff, mein Führer.» Mutter Bosse moderierte mit Blick auf das Schiffsmodell «Aviso Grille» in der Halle: «Der Peter meinte, weil seine Spielzeugautos zu Haus alle mit Batterie betrieben werden.»

Wir wissen weder, ob Hitler geschmunzelt hat, noch ob er Batterien zwecks Erleuchtung besorgen ließ. Ich weiß nur, dass ab 1939 die Filmkarriere des kleinen Bosse beendet war und Mutter mit Kind untertauchte.

Später machte der erwachsene Peter Bosse in der DDR eine Tausendsassa-Karriere. Als Schauspieler, Fernseh- und Radiomoderator. Dann im Westen. Nicht immer in der ersten Reihe, aber in der zweiten sieht man manchen Mann oft besser.

Immerhin hat ihn der ehemalige Regierende Bürgermeister Berlins, Eberhard Diepgen, mit einer Trauerrede geehrt. Diepgen hatte einmal im Radio gesagt, der Zweite Weltkrieg sei für ihn erst 1994 zu Ende gewesen, als die Sowjetarmee Deutschland verlassen habe. So etwas bringen die. Aber nicht, wie Hitler den Bosse streichelte.

Der Verlag hakt nach

Elsinor Verlag, Coesfeld, Telefonat mit Ilja Richter (Audioaufzeichnung vom 12. Juni 2022)

PAGO Inzwischen habe ich ein Dutzend Ihrer Texte redigiert, wo bleibt denn nun die Affäre, die an diesem mondänen Hund dranhängt? Auf dem Rittenbergfoto, gleich zu Beginn des Buches. Sie hatten mir doch versprochen …

RICHTER Sie vermissen Intimes. Also gut. Ich liebte die Schauspielerin Gaby Gasser; ihr Name steht auf dem Foto gleich unter Andrea Zangemeister, die aber im Gegensatz zu …

PAGO Halt! Eine Dame nach der anderen. Was steckt hinter Ihrer Gaby?

RICHTER «Meine» war sie nie. Leider. Boulevard-Star war sie. In ihr feuerrotes Haar und diese Millionen von Sommersprossen waren auch andere, Theaterdirektoren inklusive, dermaßen verschossen, dass es nicht selten …

PAGO Und?

RICHTER Nix und. Sexuell sehr frei. Und extrem tierlieb. Ab und zu befreite sie mit anderen radikalen Tierschützern sogar Hunde aus streng bewachten Laboren in Zürich.

PAGO Mutig. Und was taten Sie?

RICHTER Ich befreite unter Gabys wohlwollendem Blick eine Afghanenhündin aus dem Tierheim Berlin-Lankwitz. Aline hieß sie. Für 200 Mark.

PAGO Liebe hat ihren Preis. Wie endet diese Geschichte?

RICHTER Gaby ging. Aline blieb.

PAGO Was war schiefgelaufen?

RICHTER Sie sagte, ich sei ihr Sunnyboy.

PAGO Aber das klingt doch nach gelebter Komödie.

RICHTER Wenn der beste Clown der Leinwand verdorben würde, weil er zu glücklich ist, schreibt David Robinson über Chaplin, wäre es eine Tragödie.

PAGO Sie sind aber nicht Chaplin.

RICHTER Wie sollte ich. Als tolle Tante vom Wörthersee?

PAGO Den Schwachsinn einfach nicht drehen. Wäre doch möglich gewesen.

RICHTER Unmöglich. Ich war 17 und meine Eltern brauchten das Geld. Aber Gaby Gasser liebte ich mit knapp über 30! Und immer noch schüchtern.

PAGO Und was war mit der Zangemeister auf dem Bild knapp über der Gasser?

RICHTER Da war ich gerade mal 19, noch schüchterner, und scheiterte an ihrem Prinzen.

PAGO Von Adel also.

RICHTER Nee, von Springer. Andrea war die feste Flamme von einem BILD-Prinzipal.

PAGO Verstehe. Sie malen ja bereits 1988 die *taz* auf die Tafel. BILD kam für einen Sohn eines enttäuschten Kommunisten natürlich nicht in Frage.

RICHTER Da muss ich Sie wieder mal enttäuschen. Mein Vater war über die DDR enttäuscht, aber Andrea nannte er in heimlichen Briefen «blauen Samt», eine «gute Seele», trotz Springer; und weil er mit unserer Mutter verheiratet war, empfahl er Andrea, sich doch mal um mich ein wenig zu kümmern. So bliebe die Liebe in der Familie.

PAGO Und? Kümmerte sie sich?

RICHTER Ja.

PAGO Schön für Sie.

RICHTER Aber auch um Harry Belafonte kümmerte sie sich.

PAGO Verstehe. Und das alles natürlich im Rahmen der Menschenrechte …

RICHTER Natürlich. Wer sich als Mann einmal in diese Zange begab …

PAGO … tat alles, was recht ist, für die Menschen …

RICHTER Sie nehmen mich nicht ernst.

PAGO Nein, immer, wenn man in Ihre Seele blicken will, kommen Sie mir mit Weltliteratur. Oder zitieren zumindest berühmte Männer. Also gut. Wen wollen Sie später mal im Paradies als Erstes treffen: Heinrich Mann? Thomas Mann? Klaus Mann?

RICHTER Dieter Mann …

PAGO Aber dieser verstorbene Schauspieler ist doch gar nicht mit den Manns …

RICHTER Eben!

«Nicht die Zeit vergeht, sondern wir.»

Dieter Mann

Maxim Biller gegen Adriana Altaras

Gleich vorab: Der Biller hat nix gegen die Altaras, ich hatte etwas gegen Biller. Nicht zum ersten Mal. Seine ewigen Abschiede, um dann doch wiederzukommen, fielen mir auf die Nerven. Vor allem, weil ich ihn gern las. Schluss damit – dachte ich. Dann aber las ich seinen Abschied als Schriftsteller wegen des Ukraine-Krieges.

Mich fröstelte in meiner wohltemperierten Wohnung bei der Lektüre von Billers Adieuartikel. Langsam hüllten mich die Abschiedsworte des Schlussmachers ein. Billers Überschrift «Alles war umsonst» in der ZEIT mit der Unterzeile «Warum ich kein Schriftsteller mehr sein will» hatten mich zunächst noch böse schmunzeln lassen. Dann sah ich auf das Foto eines inmitten blutiger Decken liegenden Flugzeugs. Das hätte das Spielzeug meines Sohnes Kolja sein können. Das Foto machte mich fertig. Dann Billers Schilderung vom zerborstenen Kopf eines Freundes in Kiew; das gab mir den Rest.

Ich war so davon berührt, dass ich dem Mann eine ganz persönliche Seite in diesem Buch widmen wollte, ohne ihm je begegnet zu sein. «Die haben Sie bereits Dieter Mann gewidmet», sagte mein Verleger. In Dr. Pagos sonst so ruhiger Stimme schwang leichtes Ungehaltensein über mich mit: «Sie haben dann aber die Seite nur mit einem einzigen Zitat des Mannes über Vergänglichkeit gefüllt. Sonst stand da nichts. Solchen Umgang mit Leere kann ich mir bei den täglich steigenden Papierpreisen nicht leisten.»

Als ich ihm zu verstehen gab, dass es sich dabei um ein ästhetisches Stilmittel handele und die Kunst bekanntlich darin bestünde, auch einmal etwas wegzulassen, erwiderte er sanft im Ton, aber jede Form von Widerstand weglächelnd: «Weglassen! Sehr richtig! Also, entweder eine Liebeserklärung an Frau

Altaras oder Ihren Mitleidsbericht über Herrn Biller. Kürzen Sie, bevor ich es tue …»

Angesichts meiner Erschütterung über den «aufgehörten Schriftsteller», dem ich seinen x-ten Abgang von der literarischen Bühne diesmal wirklich abgenommen hatte, entschied ich mich, die von mir geschätzte Altaras zu Gunsten des Weltschmerz-Billers fallen zu lassen. Dummerweise las ich nach der Schelte meines Verlegers die neueste ZEIT-Kolumne von Herrn Biller. Der ab sofort schweigende Schriftsteller hatte darin kundgetan, dem neuen PEN-Club für ihn toter Dichter nicht als Mitglied zur Verfügung zu stehen … Er habe besseres zu tun. Also, es war alles wie immer.

Immerhin gestattete mir mein vom Papierpreis geplagter Verleger, Biller in Form meines Gedichts über ihn aufzunehmen:

Biller.
Den ich nie so schätzte;
wenn auch las, obwohl es ätzte,
wie er überhäuft mit Preisen –
immer wagte abzureisen – auszuwandern;
zu mäandern.
Israel!!!
Um schließlich
andern-
tags zwar nicht,
eher verschwommen,
wiederum ums Eck zu kommen.

Kommen Sie,
Sie leerer Füller!
Aber schreiben Sie, Herr Biller.

Wie geht's, Adriana?

«Bestens. Meine Lieblingsrolle im vergangenen Jahr? Eine 82-jährige Nazi-Oma. Ein Schmuckstück an Rolle! Der israelische Regisseur Oren Schmuckler hatte mich besetzt; meinen Gegenspieler, den Juden, mit einem Schauspieler, der sonst nur Nazis spielen darf. Es ging auf.»

Nicht zufällig hieß 2008 das Buch von Satiriker Oliver Polak «Ich darf das, ich bin Jude». Mittlerweile bestimmen jedoch in den Medien die Enkelkinder der Verfolger unserer Eltern und Großeltern, was ethisch erlaubt ist und was nicht. Unter dem Motto: «Das dürfen Sie so nicht machen. Nicht nach all dem, was wir nicht durchgemacht haben.»

Adriana und ich haben, Gott sei Dank, wenig von «all dem» durchgemacht, was unsere verfolgten Eltern und Großeltern durchgemacht haben. Also dürfen wir uns ein paar Frechheiten leisten.

Aber auch nicht mehr ganz so frei. Seit George Tabori tot ist. Der war Ungar. Das kam für das deutsche Feuilleton erleichternd hinzu, wenn so ein Mann Stücke schrieb wie «Mein Kampf», wo ein Jude als Ghostwriter im Wiener Obdachlosenheim einem gewissen Hitler Pointen für sein Buch liefert wie: «Nennen Sie Ihr Buch doch ‹Schlomo und die Detektive›».

Heutzutage wäre mit einer Rüge von Erich Kästners Verlag zu rechnen. «Das ist geschmacklos! Nach allem … was Erich Kästner nicht durchgemacht hat»; könnte ich hier wieder … Na, gut. Lassen wir's weg. Adriana und ich glucksen bei so inkorrekten Sachen; zum Beispiel, wenn George Tabori nach dem Tod seines Papageien bei der Generalprobe seines «jüdischen Western» meint, dass ein Kollege kurz vor der Probe eine antisemitische Bemerkung dem Vogel gegenüber geäußert hätte – wegen dessen Nase! «Und das hat der Vogel nicht überlebt.»

Stellen Sie sich vor, diese Pointe wäre von mir gewesen. Adriana hätte darüber sicher gelacht. Aber wir haben ja auch mit unserem «Nichtarier-Nachweis» noch einen gewissen Spielraum.

So geht das heute auch bei den Sendern zu. So zu waren die noch nie! Mit diesem Credo von Anständigkeit. Und das Nach-Farbe-und-Religion-Besetzen von Rollen oder korrektes Gendern von Sendern geht weit über Deutschland hinaus.

Doch nun zu Dani Levys Hitler-Filmparodie. 2007! Ich durfte mal mit Adriana ins Bett. Leider nur für sein Casting. Dani hatte nach einem Hitler und einem jüdischen Schauspieler gesucht, der dem Despoten menschliche Züge beibringen sollte. Als Schauspiellehrer! Adriana und ich verstanden uns blendend. «Ich wollte doch schon immer mit dir ins Bett! Danke, Dani!»

Levy lachte. Glauben Sie, lieber Zeitgenosse, nebst Genossin, dass er den Film «Mein Führer» als Nicht-Jude hätte drehen dürfen? Damals nicht. Und heute? Schon gar nicht!

«Die Wannseekonferenz» hingegen durfte Matti Geschonnek als Regisseur neu verfilmen. Kein Jude, aber immerhin Sohn des KZ-Überlebenden Erwin Geschonnek. Ob das eine Rolle gespielt hat? Für mich nicht. Für andere heute schon. Neulich wehrte sich der Synchron-Regisseur Benedikt Rabanus gegen die Auflage, einen Schwarzen im Film nur mit einem schwarzen Sprecher aufnehmen zu dürfen. Erfolgreich. Aber nicht jeder traut sich, gegen diesen Strom der neuen Reinlichkeit zu schwimmen. Es sind einfach zu viele Nichtschwimmer, die sich durch Anpassung über Wasser halten.

Es wird eine Art Menschenrassismus betrieben, den Adriana in einem Interview in der *Jüdischen Allgemeinen* auf den Punkt bringt, wenn sie ihre Spätkarriere folgendermaßen beschreibt:

«Man muss kein Kaufmann sein, um den ‹Kaufmann von Venedig› zu spielen. Ich habe bei ‹KDD – Kriminaldauerdienst›, ausgestrahlt bei Arte, eine türkisch-lesbische Köchin gespielt.

Ich bin nichts von alldem. Ich muss meine Kinder nicht am Wochenende verspeisen, um am Montag auf der Probe oder beim Dreh Medea verkörpern zu können.»

Das Zwischenfazit meiner verehrten Kollegin speist sich aus dem, was nun Realität geworden ist und keinesfalls als bitteres Orakeln verstanden werden sollte:

«Seit einiger Zeit rumort es mal wieder in meiner Branche. Wer darf wen und was spielen, ist dabei die große Frage. Amazon hat schon vor Monaten Richtlinien herausgegeben, für Diversität, Inklusion und Gerechtigkeit. Das klingt erst einmal gut und vorbildlich. Eine riesige Produktionsgesellschaft bemüht sich um Minderheiten! ‹Es sollen nur noch Schauspieler engagiert werden, deren Identität (Geschlecht, Geschlechtsidentität, Nationalität, Ethnizität, sexuelle Orientierung, Behinderung) mit den Figuren, die sie spielen, übereinstimmt.›

Oha! Also Schwarze spielen Schwarze, Homosexuelle Homosexuelle und Juden Juden. Wie soll das gehen? Werden Ausweise bei Drehbeginn verlangt, wo zum Beispiel eine Schauspielerin nachweisen muss, dass sie eine jüdische Lesbe ist? Wird sie fortan unter dem unfreiwilligen Outing leiden? Werden sich schwarze Darsteller um die Rolle Nelson Mandelas streiten, weil es keine anderen Rollen mehr für sie gibt?

Auch die Öffentlich-Rechtlichen haben sich offensichtlich diesen Richtlinien verschrieben: In den ersten zehn Minuten eines ‹Tatorts› erscheinen auf der Bildfläche ein Homosexueller, ein Schwarzer, ein Mensch mit Behinderung, ein Jude und erst dann die Leiche. Wenn der Kommissar endlich auftaucht, habe ich den Plot schon komplett vergessen.

Ich plädiere dafür, dass eine Traviata schwarz sein kann, eine Mary Poppins jüdisch, der Staatsanwalt, Nachrichtensprecher schwul. Oder auch nicht. Dass man über alles nachdenken muss, aber am Ende sollten Begabung, künstlerische Freiheit und Vielseitigkeit siegen. Auf der Bühne, im Film und im Leben.»

Bravo, Adriana!

Juden spiel'n Juden
Schwule nur noch Schwule.
Getürkte Türken
brauchen sich gar nicht bewerben.

Die einzige nichtjüdische «TV-Jüdin»
ist
Iris Berben.

Mein orthodoxer Großpapa
liegt noch in Weißensee.
Doch
seine Frau? Hat gar kein Grab!

So resümier ich messerscharf:
Den Graben zwischen mir und
jenen Sender-Buben
in deren hochkorrekten Denkerstuben,
schütt' ich erst zu,
wenn ich einen Gestapo-Schergen spielen darf!

Frau Ridder, Herr Dutschke und ich

Sie war sechsundzwanzig, ich fünfzehn, und wie alt Rudi Dutschke an diesem 11. April 1968 gewesen ist, kann jeder selbst nachrechnen. Ich jedenfalls war zu jung für Frau Ridder, die da oben in der Dachgeschosswohnung … wohnte? Nein, das sah nur so aus. Sie wohnte zu diesem Zeitpunkt in Kurfürstendamm-Nähe im selben Haus wie die Dutschkes. Wir Richters hatten nur eine Wohnung. Die in der Nestorstraße 14. Ständigen Wohnungswechsel hatte unser Vater Georg als Leiter einer Widerstandsgruppe in den dreißiger Jahren gekannt.

Rudi war Frühaufsteher. Dorothea kam morgens von einem Nachtjob müde nach Haus. Dort schlief sie also, obwohl ihr Name in der Nestorstraße an der Türklingel stand. Wir Richters wohnten da verbindlich. Auch Uwe Johnson, der zu dieser Zeit in New York lebte, hatte seine Wohnung in Friedenau untervermietet. Viele immer wieder wechselnde Männer sah man hier wie dort ein und aus gehen. Ein berühmtes Foto entstand dort in Abwesenheit von Herrn Johnson. Ob dies auch von Frau Ridder arrangiert worden war, weiß ich nicht. Allgemein bekannt ist, dass Wohnungsbeschaffungen zwecks Untergrundarbeit von der Justiz bald geahndet und bestraft wurden.

Hannes Wader wurde verdächtigt, seine Wohnung Terroristen zur Verfügung gestellt zu haben. Hannes betonte immer wieder, dass er von der RAF als seinen «Gästen» nichts gewusst habe. Dorothea Ridder wurde für ihre stillen Aktivitäten bestraft. Mit einjähriger Isolationshaft als Unterstützerin einer «kriminellen Vereinigung», also der RAF. Die nutzte sie: Sie beendete erfolgreich ihr Medizinstudium. Mit der Knarre in der Hand eine Bank zu stürmen, sei nicht ihr Ding gewesen. Dass sie während jener Kölner Haft ihre Dissertation vollendete – mit Unterstützung eines ihr gegenüber immer äußerst höflichen Wachpersonals –, passt zu der Frau mit nobler Wirkung auf andere.

Nur RAF-Terroristin Gudrun Ensslin war von Anfang an nicht zufrieden mit Genossin Ridder. Sie habe anstelle der Revolution doch eher ihr Studium im Kopf gehabt. Mag sein. Dass Dorothea auch Mitbegründerin der legendären «Kommune 1» war, galt als nicht strafbar, wenn auch sündenvoll verwerflich. Ich wusste nichts von alledem – damals anno 1968 in der Nestorstraße.

Schließlich war ich da nur wenig älter als unsere Hausnummer 14 und beneidete jeden der oben hausenden Revolutionäre. Und selbst diese Bezeichnung wäre mir damals nicht in den Sinn gekommen. Eines Tages beschwerte sich mein Vater bei den Herren über den mitternächtlichen Maschinenkrach. Als alter Widerstandskämpfer kannte er den Lärm einer Druckmaschine. «Das ist eine Waschmaschine», meinte einer der Männer auf Nachfrage meines Vaters. «Dann wascht bitte am Tag, Genossen», sagte Papa und grinste. Man verstand. Lachte. Als ich regelmäßig eine bestimmte Schallplatte spielte, die bis nach oben ins Dachgeschoss drang, eine Verscheißerungs-LP mit dem desaströs stammelnden Bundespräsidenten Lübke, war das Eis gebrochen. Lübke war in der NS-Zeit Bauleiter und in der Bundesrepublik der Staatstrottel.

Mein Vater fragte eines Tages einen dieser Mitbewohner, weshalb er und die anderen uns als Familie plötzlich so freundlich grüßen würden. Darauf der eine: «Ihr Sohn hört immer Lübke – der kann nicht ganz rechts sein.» Auch Frau Ridder, die Schöne, grüßte mich so lieb. Und ich war fünfzehn. Und es war Frühling. Und sah ich vom Balkon aus die Schöne über die Straße gehen – mit ihrer leuchtend roten Baskenmütze –; da war meine elterliche Mülltonne so etwas von voll, selbst wenn sie leer war. Das können Sie mir glauben, denn: Das Fahrstuhlfahren mit einer jungen Frau, die mich Fünfzehnjährigen siezte (!) – das war selbst erfahrenes Glück auf drei Etagen. In der dritten Etage musste ich leider aussteigen; in der vierten stieg sie aus; auch an jenem 11. April. Vor allem aber hatte Frau Ridder an diesem Nachmittag kein Lächeln für mich wie sonst. Nur eine Information: «Sie wissen, was passiert ist?» Ich nickte pawlowmäßig und sagte: «Nein.»

Worauf sie – atemberaubend dicht mit mir in dem Lift (man kennt die alten Berliner Fahrstühle) leise fortsetzte: «Rudi Dutschke ist erschossen worden.» Dass er die Schüsse überleben und letztendlich dann doch noch nach quälenden Jahren daran zu Grunde gehen sollte, ahnte ich nicht. Frau Ridder auch nicht (die ich erst drei Jahrzehnte später «Dorothea» nennen werde).

Jetzt befinden wir uns erst einmal, wenn Sie dramaturgisch gestatten, weiterhin in dem verdammt engen Fahrstuhl Baujahr 1912. Wir schreiben aber das Jahr 1968. Frau Ridder hat mir gerade vom Tod Rudi Dutschkes berichtet. Bis zur dritten Etage hätte ich Gelegenheit, «Oh, mein Gott, das ist ja furchtbar» zu sagen, sagte aber wohl nur: «Oh, mein Gott.» Eine Reaktion, die ich auch nach über fünfzig Jahren als dieser Situation angemessen empfinde. Der bei uns gerade mal um die Ecke niedergeschossene Dutschke war meinem Vater gewiss verhasst – jedoch kein Nazi. Aber Utopist. Und die hätten schon als Partisanen im Spanienkrieg versagt. Sagte Papa. Und überhaupt: Es war Friede! Was wollen die also? Diese Dutschkes?!

Als alter marxistischer Untergrundkämpfer war Papa einst fast zehn Jahre inhaftiert gewesen, im Zuchthaus und KZ, da waren die akademisch geprägten Reden Rudis ihm ein Gräuel. Aber ein Attentat – das war auch für ihn zu viel. Mein Vater reagierte entsetzt und sagte: «Idiot.» Beinah hätte ich mich angesprochen gefühlt. Sein «Idiot» bezog sich natürlich auf den Dutschke-Attentäter. Als sich dann recht schnell in der «Tagesschau» der Killer als Neonazi entpuppte, fühlte sich Vater noch mal bestätigt, dass er mit «Idiot» richtig gelegen hatte. Gab es für ihn, der an die klassisch marxistisch-leninistische Revolution geglaubt hatte, auch keinen Grund, nun einfach an die für ihn unverständlichen Utopien eines Dutschke zu glauben, galten für Papa Attentate nur als legitim, wenn es Diktatoren betraf. Zumindest ihre Vasallen. Dieser Rudi, hier einfach nur ein Vater, der nur schnell ein Medikament für seinen kleinen kranken Sohn aus der Apotheke hatte holen wollte – und der viel von Gewalt und LEBEN und TOD geredet hatte und jetzt selbst mit dem Tod ums Überleben rang, er war für Papa keines Attentates «würdig». Noch so manches Mal hab ich Vater schimpfen hören, wenn er eine der Dutschke-Thesen hörte: «Das Wirtschaftswunder hat sich als ideologische Sumpfblüte von Erhard erwiesen.» Ich nickte, verstand, dass die «Verhältnisse» nun mal nicht so wären. Ich dachte an ein Verhältnis mit Frau Ridder.

Jahre später

Inzwischen schon selbst über dreißig, machte ich eines Tages durch einen englischen Filmstudenten, Mister Hood, mit seiner weitaus älteren Freundin Bekanntschaft. Ich betrat ihre Wohnung, sah sie an, erkannte sie nicht gleich. Sie war krankheitsbedingt äußerlich verändert. Dann aber lächelte sie dieses Dorotheische Lächeln, das mir so vertraut blieb; ein Lächeln, das ihr am 11. April 1968 versagt geblieben war. Heute weiß ich, dass Dorothea Ridder mit dem Ehepaar Dutschke öfter frühstückte. Ganz bürgerlich. Die drei mochten sich.

Vor mir sehe ich als Bild, wie der kleine schmale Rudi lästige Freier verjagt, die einfach nicht begreifen wollten, dass Dorothea als Bardame rund um den Ku'damm eben mehr Dame war als eine Dame gegen bar. Was für eine Story! Man glaubt sich eher in einen Truffaut-Film versetzt, wenn sich eine revolutionäre Studentin ihr Studium nachts als Animierdame verdient und sich als Belle de Jour einen Beschützer gegen die geilen Spießer leistet: ihren Rudi! Einen deutschen Woody-Allen-Verschnitt. In der protestantischen Sonderausgabe. Ansonsten doch aber ein Schreckgespenst der spießigen sechziger Jahre – dieser Rudi! Und eine schöne, Flugblätter verteilende, wohnzimmerbesorgende Dorothea – aber immerhin Mitbegründerin der «Kommune 1».

Ich sehe sie in meinem Film, der nie gedreht wurde – nackt wie die anderen, also mit dem Rücken zur Kamera –, für das legendäre Foto posierend, mit diesem kleinen blonden Jungen am rechten Bildrand, der sich denkt: Wann zieht sich Mammi endlich wieder an? Ich will raus – spielen. Und rechts außen fragt jemand, immer noch die nackte Popo-Pose haltend: «Wo bleibt eigentlich Rudi?» Und links sagt Dorothea: «Der kommt nich'. Is' frühstücken. Mit Gretchen.» Und lächelt. Aber das sehen wir nicht.

Endlich 70 und immer noch nicht schwul

Selbstporträt

In den achtziger Jahren landete ich in der Presse auf einer Liste der «heimlichen Promi-Schwulen», die, was mich betrifft, so falsch war wie der Name ihres Verfassers: Rosa von Praunheim, bürgerlich: Holger Bernhard Bruno Mischwitzky, geboren als Holger Radtke.

«Eine ziemlich üble Mischung von kitschiger Sentimentalität, falscher Romantik und einer Schein-Wissenschaftlichkeit, die mancher männlichen Jungfer einen Ersatz für das Leben bot, zeichneten Werke und Wirken des Mannes aus. Seine Aufklärungsfilme waren entsprechend.»

Diese Zeilen könnten auf den Mann mit dem falschen Adelstitel und sein Wirken gemünzt sein, wurden aber bereits 1920 von Kurt Tucholsky verfasst. Dessen feuilletonistische Giftpfeile sollten den mutigen Arzt, Sexualforscher und Vorkämpfer der progressiven Schwulenbewegung treffen: Dr. Magnus Hirschfeld.

Sie sehen, ich gebe meine Quellen an! Ansonsten ist Angeberei meinem Charakter zuwider. Ich war ein sehr stiller Liebhaber. Unauffällig bis hin zum Verdacht geheim gehaltener Männerliebe. Mit Frauen zu renommieren, war für mich immer mit eitler Angeberei verbunden. Eine wirkliche Angabe habe ich mir dann aber in Bezug auf mein Privatleben dem *Stern* gegenüber geleistet. Wegen jener falscher Angaben eines sich selbst geadelt habenden Radtke gab ich in den Achtzigern zu Protokoll: «Ich bin zwar nicht schwul, aber Schwule sind eine Minderheit. Und in Deutschland angeblich einer verfolgten Minderheit anzugehören – ‹Ditt adelt!›»

So viel zu meinem Umgang mit Adelstiteln. Als sehr lustig empfand ich diesen schmuddeligen Akt ohne Fakt dennoch nicht. Denn besagter «Rosa von Radtke», wie er sich leider nicht nennt, «enthüllte» und benannte, als hätte er beim «Tatort» die Verhörlampe gehalten, sogar Götz George als schwul …

Sie schmunzeln? Mir war damals nicht danach. Und vielen tatsächlich homosexuell lebenden Männern wie Hape Kerkeling oder Alfred Biolek auch nicht; sie fühlten sich vom sexuellen Befreier Herrn Rosa an die Wand gepresst und ihrer persönlichen Freiheit beraubt.

Wir alle sollten nach Praunheims Pfeife die kämpferischen Pfeifenköppe der Schwulenbewegung geben. Auf diesem Wege aber nennt man das auch heute noch Verletzung der Privatsphäre.

Ich empfinde es als befreiend, dass die Thematik der Homosexualität in unserem Land nicht durch Indiskretion, sondern kontinuierliche Reformarbeit und freie Kunst eine so selbstverständliche Note erworben hat. Dennoch hinterließ eine mir immer wieder unterstellte Sexualität, die ich nie praktiziert habe, Spuren. («Aha! Also unterbewusst schwul!») Nein. Endlich siebzig und noch immer nicht!

Und ich glaube auch nicht, dass die Jungs mich heute noch nehmen würden! Dabei hatte ich doch alle für eine Homo-Bio notwendigen Ingredienzien: «Ich trug oft Damenkleider in den Sketchen und hatte meine Mama recht lieb!» Also resümierte ich bereits mit vierzig: «Muttersöhne sind lebensgefährlich: entweder schwul, Diktator oder in der Modebranche.»

So gern ich mit Minderheiten solidarisch bin: Es ist etwas anderes, das mich von der Männerliebe vermutlich instinktiv abgehalten haben mag: eine prinzipielle Abneigung gegen körperliche Annäherung durch Männer. Warum? Es könnte sein, dass ich im Alter von sechs Jahren missbraucht, zumindest aber von jemandem sexuell berührt worden bin. Wahrscheinlich im Schlaf. Denn konkret weiß ich nichts von alledem. Oder nicht mehr. Die kindliche Psyche kann ja besonders gut alles ihr Ungute und Beängstigende in die verschlossenen Gehirnkammern sperren.

Ich habe das nie, zum Beispiel unter Hypnose wie bei Sigmund Freud, herausfinden wollen. Als Kind meiner Zeit, das, geprägt von Westernhelden wie Gary Cooper und Robert Mitchum, diesem Idealbild von Kerl hinterherhumpelte, empfand ich alles Unmännliche als Makel.

Und tatsächlich kann ich mich an einen Mann in langen weißen Unterhosen erinnern, der mich, den damals Sechsjährigen, zum Mittagsschläfchen mitnahm, weil das meine Eltern angeblich so gewollt hätten. Natürlich stimmte das nicht. Der Mann war mir aber insofern «vertraut», als sich sein Zeitungskiosk an der Ecke befand, wo Papa und Mama eine Kneipe betrieben. Was der Kerl nun mit mir getrieben hat oder nicht? Ich weiß es nicht. Das wollte ich eben auch nie so genau wissen. Denn ich litt nie darunter. Ich war mit vierzehn eher tief beleidigt. Mit zwanzig allerdings – vor meiner späten Entjungferung durch eine ebenfalls schon etwas späte Tanzsoubrette – reagierte ich eher wütend auf ihr «Burschi – zum Umpolen bin i aber net do!»

Da wusste ich, aus welcher Ecke das Gerücht gestreut worden war. Der damalige Kioskbesitzer und pädophile Grabscher von 1958 befand sich als alternder Chorist nun im Ensemble des Theaters jener Dame, die mich dann sexuell befreit hat. Der Mistkerl mit einer dicken Warze in Nasenhöhe, der mir beinah meine dringend anstehende Premiere als «ganzer Kerl» versaut hätte, wurde von der feschen Wiener Tanzsoubrette, bevor sie mir ihre verbotenen Griffe näherbrachte, mit dem Satz zitiert: «Der ist doch einer von uns. Lass mal!»

Ich wollte es aber nicht lassen. Ich hatte ja noch nicht einmal mit all dem begonnen, was mir dann so viel Spaß gebracht hat. Über Nacht. Und die Warze war weg. Für immer: Wien bleibt Wien.

Fassbinder

München 1967. Auf einer Leseprobe für das Fernseh-Musical «Tonys Feunde» kündigte der Pariser Regisseur einen noch nicht anwesenden Herrn folgendermaßen an: «Bittä, keine Schreck bekommen, Mesdames et Messieurs, wenn gleisch eine gewisse Ärr Fassbinderrr auftaucht. Errr sieht zwar aus, als ätte errr ein Messerrr im Stiefel, ist aberrr völlisch armlos.»

Dann kam er. Ganz in Schwarz. Cowboystiefel. Sonnenbrille. Viel älter als seine damaligen zweiundzwanzig Jahre scheinend. Niemand kam mir männlicher vor als er. Dennoch wirkte seine Stimme, in diesem niederbayrischen Singsang, zart, weich und gar nicht so maskulin wie die Erscheinung. In einer Pause fragte ich ihn, was er denn so mache, und er meinte ganz nebenbei: «So Filme halt, wissen Sie!» Ja, er siezte mich. Das gefiel mir natürlich, mit meinen knapp fünfzehn Jahren. Da nahm mich einer ernst, während er das Musicaltreiben als eher lächerlich empfand.

«Tonys Freunde» spielt in Paris und schildert auf tränentreibende Weise den Aufstieg eines Vorstadtproleten zum Schlageridol. Bemerkenswert ist die Besetzung – neben Rosemarie Fendel und Ulli Lommel eben auch, in einer Nebenrolle, besagter Rainer Werner, der jeden Quatsch mitmacht, um an Geld für seine eigenen Filme zu kommen. Ich bin mit der Rolle des kleinen Bruders von Suzanne Doucet besetzt. Mit dieser Schlager- und Chansonsängerin aus der Schweiz hat das ZDF einiges vor. Ich auch. Allerdings nicht beruflich. Aber sie ist sechs Jahre älter als ich. Dass ich später, gerade mal siebzehn, mit ansah, wie sie, die mich als Co-Moderator vorgeschlagen hatte, vom ZDF zu meinen Gunsten weggeschickt wurde, nehme ich mir noch mit siebzig krumm. Mit dreißig wär mir das nicht mehr passiert. Aber zurück zu meinem 67er-Kalenderblatt und den Dreharbeiten in München.

Alle tanzen und singen, hüpfen und springen in diesem musikalischen Sozialschrott fürs abendliche Familienprogramm des ZDF.

«Was machen die denn da?», fragt mich Fassbinder bei einem Gang durch die Proberäume eines Münchner Vorstadtbierlokals. «Na, die üben Schritte zur Musik», sage ich, etwas irritiert.

«So was muß man doch nicht proben!» Kein Wunder, dass es nie einen Musicalfilm des Meisters gegeben hat.

Während wir auf die altmodische Art vor uns hin trällerten – bis auf Fassbinder, das hatte ihm Regiseur Vasil erspart –, jubelte München dem Hippie-Musical «Hair» zu. Die Blumenkinderphilosophie «Make Love, not War» hatte die bürgerlichen Parkettreihen Deutschlands erreicht. Wie immer verspätet. Während sich, peu à peu, die amerikanische Hippie-Bewegung in die Berge von San Francisco zurückzog, sang auch ich: «Lasst es leben, Gott hat's mir gegeben, mein Haar!» Ich selbst war allerdings geschniegelt und gebügelt und klamottierte mich durch besagtes Musical im ZDF.

Als alles vorbei war, hatten mich die Verantwortlichen des Senders als Showtalent zur Kenntnis genommen. Auch Suzanne Doucet, meine Filmschwester aus «Tonys Freunde», fand mich wohl putzig. Schon während der Münchner Drehzeit hatte sie mich als Favoriten angesehen. Leider nicht für Sex (den sie mit eher älteren Herren teilte). Sondern als Co-Moderator für ihre Sendung «Hot & Sweet».

Hat Fassbinder bei den Dreharbeiten eigentlich mitbekommen, wie verliebt ich in Suzanne war? Rückblickend empfinde ich es als rührend, wie dieser Mann zu meinem ersten Beichtvater wurde. Ja, das hatte wirklich etwas Katholisches. Nur ohne Beichtstuhl. Es waren zwei hölzerne Stühle in einem Münchner Vorstadtlokal, auf denen wir in einer Probenpause saßen, unter Männern sozusagen.

«Wie finden Sie eigentlich meine Brille?», fragte er mich zunächst, vielleicht, um die Konversation ein wenig zu lockern.

«Sehr schön, Herr Fassbinder, sehr schön», sagte ich pflichtgemäß. Als Menschenkenner spürte er, dass ich mit meinen Gedanken ganz woanders war. Dabei war es wirklich eine schöne Brille, höchstwahrscheinlich viel zu teuer für einen unbekannten Undergroundfilmer.

«Woll'n Sie sich heute abend meinen neuen Film ansehen?»

Das war einer seiner ersten, mit Ulli Lommel, der auch in unserem Musical mitspielte. Ich bedankte mich höflich, denn nach Drehschluss holten mich immer meine Eltern ab. Nachts träumte ich dann, dass mich Suzanne in ihrem offenen «Karmann-Ghia» einmal durch Schwabing und dann ans Ende der Welt fahren würde. Zadek hin, Fassbinder her. Die 68er-Filmer erregten mich, den Nachzügler, in keiner Beziehung – wenn sie nicht Suzanne hießen. Ahnte nicht als mütterlich auf Ehrgeiz getrimmter Teenie, dass ich die Angehimmelte zwei Sendejahre später mit dem ZDF betrügen würde. Doch zurück zum Fassbinder, mit dem ich partout nicht ins Kino wollte.

«Na schön, dann kommen's halt net mit, lieber Herr Richter», sagte Fassbinder feinfühlig, «aber nun erzähl'n 's mir doch mal, was Sie so traurig macht?» Kurz druckste der Herr Richter herum, um dann mit seiner Pein herauszuplatzen: «Der Thomas Piper sagt, ich sei schwul!»

«Also nein», rief Fassbinder und nahm sogar die Brille ab. Er knabberte am Brillenbügel wie ein nachdenklicher Doktor, um dann vorsichtig nachzuhaken: «Und?»

«Wie? Und?»

«Na ja, lieber Herr Richter, ich meine: Sind Sie's?»

«Natürlich nicht», antwortete ich empört und fühlte mich peinlichst in Frage gestellt. Und das vom fraglos männlichsten Mann, den ich bis dahin kennengelernt hatte. «Verzeihung», sagte dieser und setzte die Brille wieder auf.

Wochen später, wir waren mittlerweile im Fernsehstudio, warten Fassbinder und ich aufs Taxi. Heißer Asphalt. Abendsonne. Und ein Rainer Werner, der an ein Gespräch anknüpft, das auch schon wieder Wochen zurückliegt. So schaut er also über seinen teuren Silberrand und fragt mit listigen schmalen Augen: «Und wenn Sie nun tatsächlich schwul wären, Herr Richter, wäre das wirklich so schlimm?»

«Furchtbar, Herr Fassbinder, ganz furchtbar.»

Mein Neid auf Mozart

Ich trinke meinen morgendlichen Tee, lese den am «Halswärmer»-Teebeutel befindlichen Spruch: «Wie kannst du dein Hier und Jetzt auf eine andere Ebene heben?» Dabei hab ich's gar nicht im Hals. Was ich am Halse hab, ist mein Neid auf Mozart.

Stiller Begleiter menschlicher Durchschnittlichkeit. Das ist ein guter Anfang, um seine eigene Mittelmäßigkeit an einem Genie abzuarbeiten. An Mozarts. Privat! Da. Schauen Sie nur, wie er da sitzt. Der Mozart. Vulgärer Witzbold, wenn die Musik schweigt. Redende Musiker sind meistens eine Enttäuschung, weil sie den ganzen Abend nicht zu Wort kommen. Da platzt es aus ihnen heraus: «Am Arsch ist's duster, ist's duster, fein's Liebchen, gute Nacht.» Singt Amadé von Sauschwanz, wie er sich gern nennt, singt im Wirtshaus mit dem Stadler, Wolferls Spezi-Klarinettisten, frisst seine Mehlspeis' und hätt' als Nachtisch gern den Arsch der Kellnerin. Zwinkert Stadler zu, eher epileptisch als diskret: «Geh schon mal vor. Is eh klar, was zu tun is. Geh nur – hab das Quintett scho im Kopf. Nur noch aufschreiben muss ich's. Wirst zufrieden sein. Na, nu geh schon. Pfüa Gott!»

Stadler nickt. Zahlt, geht. Kennt sein Wolferl. Und die Kellnerin kennt er auch. Wer kennt die nicht. Wenn der Preis stimmt. Und Constanze ist eh in Baden. Mit Köchel, der Drecksau. Endlich Sperrstund: «Wirtschaft! Bedienung!», ruft der Musikus und bedient sich am Ausziehtisch für eine Septime zwischen Quintett und «Don Giovanni» bei der kellnernden Wirtshaustochter.

Meine Teetasse ist leer. Wie mein Kopf. Und auf dem Grund schwimmt das Zettelchen mit dem Ratschlag, sein Hier und Jetzt auf eine andere Ebene zu heben. Bei Mozart längst geschehen. Bei mir? Ich hab den Tee intus und nun hab ich Halsschmerzen. Das macht der Neid. Bis zur Pubertät hab ich meiner Mutter geglaubt, dass ich Mozart sei. Dann schenkte mir mein Vater ein Klavier. Von da an ging's bergab.

Georg Kreisler

Georg war nervös. Ich hatte ihn gefragt, ob er es gut fände, wenn ich mal sein «Heute Abend: Lola Blau» spielen würde.

«Warum?»

Ich hörte förmlich die drei Fragezeichen, die da in der nicht mehr ganz so wohltemperierten Stimme mitschwangen.

Darauf ich: «Warum nicht?»

Der alte Witz mit der Gegenfrage auf eine Frage war auch keine Lösung. Vielleicht bereute er es in diesem Moment sogar, mir anno 1999 in einem Basler Kaffeehaus – wo sonst? – das «Du» angeboten zu haben.

Er wusste, dass ich ein glühender «Kreislerianer» war (und bleibe!). Ich habe ihm nie erzählt, wie ich mich bereits als Vierzehnjähriger inmitten eines wilden Theaterensembles von Peter Zadek, diesem *enfant terrible*, selbst so *terrible* fühlte, weil ich doch wahrhaftig mehr Kind war, als mir lieb war.

Hoch aufgeschossen, sah ich älter aus. Ein von Alt-Berliner Eltern verdammt alt geborenes Kind, das laufend und ungebeten Zwanziger-Jahre-Songs in Probenpausen im Theater sang. Wie ein Schrumpf-Max-Raabe mit voll aufgeladener Batterie. Revue-Repertoire und also eher belanglos.

Eines Tages jedoch schenkte mir mein Vater eine Georg-Kreisler-Single – «Tauben vergiften im Park» und «Zwei alte Tanten tanzen Tango» –, und von da an, wir schreiben das Jahr 1967, will ich werden wie der Kreisler, so, wie andere meines Alters damals Mick Jagger sein wollten. Mit engen Jeans.

Mir war mehr nach Hornbrille. Mit vierzehn. Anarchistisches wollte ich singen. Also Zeilen wie «Wenn wir nicht Ihre Pläne störn, wird die Zukunft nicht uns gehörn! Die Generäle sterben nicht von selber weg!» – und dabei aussehen wie ein Buchhalter. Wie Georg eben.

Und heute? Mit siebzig? Wenn ich Kreislers Lieder singe, sind es geistig seine und werden gefühlt «meine». Gleich zu Beginn eines solchen Abends, wenn es ums Aufhören geht. Da beginne ich in Georgs Sinne immer so:

«Ich sitz' schon lang im Cabaret und singe Lieder
Wie eine mutige, doch alternde Soubrette.
Und diese Lieder hör'n die Leute immer wieder
Und der Flieder blüht im nächsten Jahr
Genauso violett.»

Und allein die Abschlusszeile jenes Liedes über unser aller Alleinsein zeichnet den tiefsinnigen Meister aus, wenn es heißt:

«So hält ein jeder seine winzige Laterne
Und ich lerne,
Nur das Lied bleibt und die Hoffnungslosigkeit.»

Zurück zu meinem hoffnungslos naiven Wunsch, die «Lola Blau» spielen zu wollen: Ich versuchte vergeblich, Georg den Reiz nahezubringen, der darin lag, sich als Schauspieler in seinen Frauencharakter der Chansonsängerin hineinzuversetzen, die alles hinter sich lässt. Mit allen Höhen und Tiefen jener Chansons, die Kreislers Lola auf dem lebensrettenden Luxusliner nach New York singt. Auf der Flucht vor den Nazis. Schicksal einer verfolgten Diseuse. Singend am Oberdeck für die Reichen und unten in der dritten Klasse für die Armen.

Das Lola-Stück war mir schon immer nah gegangen, und genau das war Georg nun wohl zu nah. Nach ein paar gegenseitigen Höflichkeiten legten wir auf – es war eine Zeit, in der man noch «auflegen», sprich, die «Hörergabel» zum Abreagieren hatte auflegen können. Von verärgert bis wütend konnte man damals noch auflegen. Herrlich!

Kreisler selbst hatte nichts Aufgebrachtes im Ton, war aber nicht gut aufgelegt! So berichtete es mir Georgs Frau Barbara Peters-Kreisler später.

«Also, der Georg, gleich nachdem du aufgelegt hattest, sag ich dir, da hat der aber sofort seinen Verlag angerufen und denen gesagt, dass er auf gar keinen Fall dich als Lola auf der Bühne sehen möchte Auf gar keinen Fall!» Barbara erzählte mir das sehr amüsiert und ich sagte: «Hab ja in dem Moment, als ich am Telefon spürte, wie ihm das widerstrebte, danach auch nichts dergleichen in der Sache unternommen.» Barbara schmunzelte. Noch etwas über seinen Umgang mit Menschen, die er mochte.

Georg war nie sehr gesprächig. Er hörte zu, zuckte mit den Achseln. Auch bei Komplimenten.

Um so schöner sein Telegramm für meine Revue «Staatsoperette» in Bremen am Theater am Goetheplatz, 1988: «wuensche nicht enden wollenden applaus und waere gluecklich, wenn meine alten lieder dazu beitruegen.»

Es war eine Liebeserklärung an sein Werk. Umgesetzt durch eine weitere Liebeserklärung an Wim Wenders' Film «Himmel über Berlin», dachte ich hier mehr an einen Bremer Himmel. Es wurde die Hölle.

Kernszene – «Zwei auf den Asphalt segelnde Engel».
Kurzdialog:
Erstes Kind: Kuck mal, da fliegt wieder einer.
Zweites Kind: Tatsächlich? Ein Engel?
Erstes Kind: Wer sonst! Mary Poppins?
(Die Kinder schießen mit echten Revolvern zwei Engel ab. Die Engel schlagen im Nutten- und Drogen-Viertel auf. Der eine freut sich, dass er endlich richtig bluten kann und nicht mehr «Marmor scheißen» muß.)

Dieser Begriff stammt übrigens von Mozart, der die italienischen Opern satthatte und endlich eine deutsche Volksoper schreiben wollte. Hat er ja dann auch geschrieben: «Die

Zauberflöte»! Von «stillem Applaus» für sein Werk hat er danach gesprochen.

Mein Applaus war nicht einmal «enden wollend». Es kam gar nicht erst dazu. Der Chor des Bremer Theaters hasste mich dafür, Kreisler im Chorus singen zu müssen, und streikte. Das halbe Orchester schloss sich an. «Wer ist denn schon dieser Kreisler! Nicht mal eine Oper hat der geschrieben!», sprach ein Posaunist. (Hatte er.)

«Sehr richtig! Kreisler? Wer ist das schon!», sprach ein vereinzelter Chorist, ging auf Stimmenfang, und am Ende fiel eine Dekoration während der Generalprobe um und die Premiere aus.

Für immer! Auch der heutige Intendant, dem ich anlässlich des hundertsten Geburtstages von Georg anbot, den nie aufgeführten Georg-Kreisler-Ilja-Richter-Theaterabend «Staatsoperette» als One-Man-Show mit mir in allen Rollen plus streikendem Chor ironisch zu präsentieren, nein, auch dieser Intendant, wie alle restlichen dieser Republik, brauchte nichts Kreislerisches. Und wenn, dann nicht von Richter. Und so wird also kein Engel noch einmal in Bremen aufschlagen und sich freuen, dass er bluten darf – ganz wie ein Mensch!

Und der andere gefallene Engel wird nur in Wim Wenders' wunderbarem Film «Himmel über Berlin» auf dem Berliner Asphalt landen und wie ein himmlischer Archäologe feststellen: «Das ist die Stelle, wo der Gletscher zum ersten Mal gekalbt hat.»

Ich höre noch den Berliner Bühnenarbeiter im Bremer Theater maulen:

«Was hatta, der Jletscher – jekalbt hatta? Bescheuert! Echt Richter!»

«Danke», sagte ich, «is' aber von Handke!»

Der kaffeehauslose Wiener – Georg Stefan Troller

Gespräch in Abwesenheit eines Jahrhundert-Mannes

Georg Stefan Troller wurde am 10. Dezember 2021 hundert Jahre alt. Vorab ein paar Informationen zur Person für Menschen, denen logischer- und biologischerweise der Name «Troller» kein Begriff sein kann, weil sie nicht mit seinem legendären Sechziger-Jahre-TV-Magazin «Pariser Journal» aufgewachsen sind. Es wurde, so sagte Troller später, gesendet «in einem Deutschland, das sich ja nach den tödlichen Ausschweifungen der Hitlerzeit eisern zurücknahm».

TROLLER Ich hielt mich nicht zurück in dieser «höheren Mädchenschule», als die ich das «Deutsche Fernsehen» empfand. Mein Paris sollte ein Gegenentwurf dazu sein: eine Kamera, die sich überall hin durchdrängte. Eine Realität, die nichts verleugnete oder versteckte. Dazu ein Text, der dem damals im Fernsehen Üblichen geradezu ins Gesicht schlagen musste – feuilletonistisch, ironisch, kaustisch, selbstbezogen, weltmännisch. Mit anderen Worten – jüdisch.

RICHTER Also Sie, ein Wiener Jude mit US-Pass, lehrten die Nachkriegs-Deutschen, den «Erzfeind» zu lieben?

TROLLER *(schweigt – stelle ich mir vor – und lächelt.)*

RICHTER Der letzte deutsche Einmarsch in Paris 1940 lag neunundzwanzig Jahre zurück. Durch Ihr neues TV-Format nahmen die Bundesdeutschen diesmal Frankreich im Sitzen ein: vor dem Fernseher. Noch in Schwarzweiß!

TROLLER Die Chance meines Lebens. Antisemitismus, Emigration bedeuten ja für ein Kind vor allem eines: Wenn dich keiner liebt, so bist du wahrscheinlich nicht liebenswert. Du verlierst also deine Eigenliebe. (…) Und ja, das

Filmemachen war meine große Chance, aus dieser Falle herauszufinden.

Ein Wort zu Trollers Interviewstil: Er ließ in seinem freundlichen Wiener Kaffeehaus-Französisch dennoch heikle Fragen nicht aus. Umkreiste den Star nicht – er umschnurrte ihn! Wie ein verführerischer, lebensschlauer Kater. Die Katze ist sein Lieblingstier.

Wer sich das Familienfoto von 1981 anschaut, mit der vor ein paar Jahren verstorbenen deutschen Ehefrau, kleiner Tochter, eine Katze zärtlich im Arm des Familienvaters, die ganze Familie ebenso zart im Blick, ahnt etwas von der Wärme dieses Mannes, den selbst ein eiskalter Engel wie Alain Delon im Interview nicht aus der Ruhe hatte bringen können, dessen «Kobrablick» sogar gewiefte französische Journalisten fürchteten. Freundlich lächelnd fragte er das Ekelpaket, ob er denn wirklich, wie es heißt, einen «scheußlichen Charakter» habe.

DELON *(mit Pokerface)* Leugne ich absolut nicht. Ich habe einen abscheulichen Charakter. Aber Charakter!

TROLLER Monsieur Delon, Ihrer Herkunft nach sind Sie ja eigentlich ein Mann ohne Bildung und Kultur. Hat Sie das je belastet?

Hier senkt ein der Gosse entkommener Star nur kurz die Lider, fasst sich, um dann zu gestehen:

DELON Ja. Bis heute. Aber dank solcher Menschen wie Visconti, wie Losey, Melville konnte ich mich doch geistig weiterentwickeln, wenn auch auf meine Art.

Allerdings endet das legendäre Interview für Troller mit einem Knall. Er hatte Delon ein Geständnis über die von ihm verlassene tote Romy Schneider entlockt:

DELON Das Leben bestraft einen vielleicht zu Recht.
TROLLER Wie meinen Sie das?
DELON Ich weiß nicht, ob ich je wieder so gelacht haben werde wie mit ihr. Wollen wir's dabei belassen?»

Troller belässt es aber dann doch nicht dabei und wird am Schluss beschimpft.

DELON Sind Sie überhaupt Journalist? Weil ich nämlich den Eindruck bekomme, bei einem Psychiater zu sitzen! Ich habe ohnehin schon zu viel gesagt. Verstehen Sie jetzt, was das ist, eine zynische Persönlichkeit!?

Troller nickt. Und schweigt. Lächelt.

Und so verwundert es nicht, wenn er über sein Arbeitsprinzip schreibt, «… dass ich die Menschen vor unserer Kamera irgendwie als mir zugehörige Figuren empfinde, nicht viel anders als der Autor von Fiktionen.»

Daraus könnte man den Schluss ziehen, dass er sogar den ihn beschimpfenden Delon mochte. Ihn vielleicht nach fünfzig Jahren immer noch mag. Troller mag, vermute ich mal, wenn's zur Liebe nicht ganz reicht, lieber die Unmöglichen.

Vom Seelenstriptease des Delon («Was Sie da tun, das ist ja Vergewaltigung!») über ein distinguiertes langes Gespräch mit dem nur vorübergehenden Ehepaar Juliette Gréco/Michel Piccoli (ER: «Man weiß nie, wann sie lügt oder die Wahrheit sagt.» SIE: «Ich bin eine Clownin. Ich habe meine dunklen Seiten.») bis hin zur Pariser Vorstadt-Hure, die sich über ihre deutschen Kunden empört («Die sind die Schlimmsten.»): Troller hat sie alle gehabt! Im Gespräch.

Und was hab ich? Nicht mal ein Zugticket nach Paris hab ich! Zum Meister des geschliffenen Interviews. Auf eigene Kosten wäre ich zu ihm gefahren. Den seit Jahrzehnten ersehnten Termin nahm nun aber ein junger Journalist wahr, dessen

Gespräch inzwischen im Gesellschaftsteil der *taz* erschienen ist: Verdammt groß, der Kollege! Zwei Meter lang soll er sein, berichtete der interview-müde Troller seiner Berliner Vertrauten, Roswitha Völz, am Telefon. Jeden Sonntag ruft er sie an. Beneidenswert.

Also nehme ich den Neid-Express – man soll zu seinen Zügen stehen – und fahre erster Klasse ins Land meiner Erinnerung: ins historische «Wirtshaus Moorlake» in Berlin-Wannsee. Genieße «im gemütlichen Ambiente direkt an der Havel einen ruhigen Winterabend. Wir freuen uns auf Ihre Vorbestellung» – so lautet der Werbetext heute noch, wie damals im Winter '81, als die Mauer noch stand und grauhaarige «Gänsebraten-Menü»-Gäste zwischen vier Gängen Literatur konsumierten. (Auch heute noch.) Aber selbst in diesem über hundert Jahre alten Ambiente saß der damals gerade mal sechzigjährige Herr Troller und las gegen den Dämon der Gemütlichkeit an. Umringt von Jagdszenen im Grunewald an den Tapeten und dem Alten Fritz – mal mit, mal ohne Hund –, hörte ich als knapp Neunundzwanzigjähriger, wie ihm anno '38 ein SA-Mann auf den Kopf gepisst hatte. Unabsichtlich. Denn der gerade mal Sechzehnjährige hatte sich im Keller unter einem Papierhaufen versteckt, während draußen ein alter jüdischer Herr so lange von den anderen Pissbrüdern in brauner Uniform geschlagen wurde, bis er nicht mehr darauf bestand, «ein mit Auszeichnung entlassener Kriegsteilnehmer» gewesen zu sein.

«Was bist du also?»

«Ich bin ein Saujud», stöhnte der nun. Es klappern keine Kuchenteller mehr, als der Autor resümiert, dass «neunzehn liebe Menschen» seiner Verwandtschaft ihre Lebensirrtümer unerschütterlicher Treue zu Kaiser und Vaterland nicht überlebt haben. Troller schon! Seine stinknormale Wiener Jugend endete unter einem bepissten Papierhaufen. Hätte ihn der SA-Mann darunter entdeckt, wäre der damals Sechzehnjährige vielleicht doch noch in einer Moorlake verreckt. Fazit: Moorlake hatte seine Schuldigkeit getan. Herr Troller ging. Ohne

Rücksicht auf die Magenstimmung. Zwischen Gänsebraten, Rotkohl und Klößen konnte der gern zitierte Kloß den Gästen nicht mehr im Halse steckenbleiben.

Als es bei Troller um Leben oder Tod ging, war man schon beim Kaffee.

So gern hätt ich
mit diesem Herrn
in sei'm Kaffeehaus g'sessn.
Doch seine Kellner sind so tot
wie's Wiener Schnitzel,
das wir dort niemals gegessen.
Stattdessen
unter'm Hohenzollernschen Geweih
verbockter Kaiser-Tage
ein hundert Jahre alter Gast;
der ganz und Gänsebraten gar nicht
in die «Draußen nur Kännchen»-
Szenerie dort passt.
Humor ist, wenn man trotzdem
in Moorlake
Antworten gibt
auf manche nie gestellte Frage.
Und dann?
Ja, dann:
geht Troller
seine «ersten hundert Jahre» an.

(So auch der Titel seines wunderbaren Buchs.)

Gewidmet Dr. Gerwig Epkes,
der mir die Koestler'sche
Welt nähergebracht hat.

Mir ist heut so nach Spartakus!
Arthur Koestler

Sollten die Plebejer wieder mal den Aufstand proben, dürften wir das erst beim Ausbleiben unserer bestellten Pizza bemerken; oder wenn unsere Pakete bei Amazon in Bad Hersfeld verkümmern, weil die unterbezahlten Packer unsere Päckchen nicht mehr zu tragen bereit sind. Oder Lieferando-Helden ihre Mopeds anzünden. Dann ist den Unterprivilegierten wieder mal nach Spartakus. Na und?

Das Römische Reich hat nach der Niederschlagung des Sklavenkriegs rund 70 Jahre vor Christus noch weitere 500 Jahre sein imperiales Schindluder getrieben. Außerdem ist, im Gegensatz zur damaligen Todesarbeit eines Versklavten im antiken Rom, heute so ein ungelernter Lohnsklave bei Amazon noch froh darüber, mit seiner Fronarbeit die Familie durchzubringen. Ein unfreier Gladiator wie Spartakus dagegen hatte nur einen einzigen Menschen durchzubringen: sich selbst! Sein Gegner in der Arena war zugleich sein Leidensgenosse.

Mein Papa, in den 1920er-Jahren Mitglied im Spartakusbund, ging mit mir 1961 ins Kino zu «Spartakus». Danach empfand ich Fotos, die er mir anschließend von den Zwanziger-Jahre-Aufmärschen der Spartakuskämpfer zeigte, als irritierend. Wieso trugen Papas Genossen keine Sandalen, und wo steckten die blitzenden Schwerter? Ich war neun. Arthur Koestler wusste noch mit fünfundzwanzig nicht, wofür «Spartakus» steht!

Für den seit 1935 im Pariser Exil lebenden österreichisch-ungarischen Juden und Industriellensohn war der Begriff «Spartakus» zunächst immer nur ein Name, für den zwei andere standen: Rosa Luxemburg und Karl Liebknecht; und deren Bund, aus dem die KPD entstand. Ist ja bekannt.

Weniger hingegen, wie Koestler anno 1935 in Paris eigentlich nur mal kurz im Lexikon unter «S» nachschlug, was Spartakus sonst noch so alles bedeuten mochte. Und siehe da: «Dreieinhalb Jahre lang, seit meinem Eintritt in die Kommunistische Partei, war ich im Strom der Revolution untergetaucht. Jetzt kam ich zum Luftschöpfen hoch, schaute mir den Strom an, fragte mich, wohin er führte, und versuchte, etwas über die Natur der Kräfte ausfindig zu machen, die ihn in Fluß brachten [...].» So stieß Koestler also auf jenen Sklavenkrieg. Es war die Initialzündung für eine tiefere Beschäftigung: «Es gab einige offenbare Parallelen zwischen dem ersten Jahrhundert vor Christus und unserem eigenen. Es war ein Jahrhundert sozialer Unruhen, mißglückter Revolutionen und gewalttätiger Massenbewegungen.»

Nach seiner Flucht aus Paris vor den Nazis vollendete Koestler in Zusammenarbeit mit Edith Simon die englische Fassung seines Romans «Der Sklavenkrieg» in London. Dort erschien dann auch das Buch im März 1939 und im selben Jahr in den USA. «Die Gladiatoren» hieß das Werk nun. Dass der Autor den Stoff gerne für großes Kino nach Hollywood verkauft hätte, liegt nahe. 1960 entstand denn auch der Film «Spartakus» mit Kirk Douglas.

Aber ohne Koestler als Filmautor. Den Auftrag erhielt Dalton Trumbo, ein Drehbuchautor aus Hollywood, dem Klatschkolumnistin Hedda Hopper immer noch übel nahm, in den 1950er-Jahren bekennender Kommunist gewesen zu sein. Auch John Wayne setzte zu einer Hexenjagd an, als wollte er die Restarbeit des 1950er-Jahre-Tribunals «gegen unamerikanische Umtriebe» in die Kennedy-1960er hinüberretten. Schauspieler und Mitproduzent Kirk Douglas sagte später, dass er sich nur ein einziges Mal in seinem Leben als wirklicher Held gefühlt habe: als er allen Drohungen und Warnungen zum Trotz an Dalton Trumbo, dem links stehenden Drehbuchautor, festhielt. Der 2015 entstandene US-Film «Trumbo» erzählt davon.

Einen Oscar in der Kategorie «Bestes Drehbuch» trug der so lange geächtete Autor für seinen «Spartakus» nach Hause. Wer weiß, ob sich ein Mann wie Koestler mit Hollywoods Produzenten hätte arrangieren können. Auch ein trotziger Trumbo musste inhaltliche Kompromisse eingehen. Koestlers Anspruch, im antiken Stoff den angemessenen Faltenwurf der Geschichte sichtbar werden zu lassen, wäre bei den Mächtigen der Traumfabrik sicher auf Widerstand gestoßen.

Trumbo musste sich, trotz frischen Oscar-Glanzes, bald darauf 1961 von der Fachpresse die Kritik gefallen lassen, dass sein Drehbuch «Exodus» dem Roman von Leon Uris nicht gerecht geworden sei. Zu vereinfacht würde hier die Gründung des Staates Israel an der Historie vorbeiflimmern.

Das wiederum wäre einem Koestler kaum passiert! Ob Staatsgründung Israels oder Gladiatoren-Revolte, seinen Hass auf jedweden Krieg spiegeln Sätze wie diese wider: «Der Haken bei allen Kriegen ist allerdings, dass die Erscheinungen, welche sie hervorbringen, nur sehr mittelbar mit der ursprünglichen Absicht oder dem Anlass verknüpft sind. Diejenigen, die ihn tatsächlich führen, denken nicht in Begriffen wie ‹Demokratie›, ‹nationales Selbstbestimmungsrecht›, ‹spanische Thronfolge› oder ‹Abschaffung der Sklaverei›. Sie singen, grölen und träumen von ihren Lieblingsspeisen, masturbieren und zählen ihre Läuse.»

So legt Koestler 1949 im zunächst in England erschienenen Buch «Mit dem Rücken zur Wand. Ein Augenzeugenbericht» als zionistischer Kriegsberichterstatter Haltung über ideologische Grenzen hinweg an den Tag. Viele Araber hatten die Zwei-Staaten-Lösung abgelehnt. Zionist Koestler lehnte die Verwüstung palästinensischer Dörfer ab.

«Die Kamele und die Esel, die Wasserpfeifen und die Schuhputzerjungen, diese schwere Duftwolke orientalischer Gewürze, die durch die Souks strömte – alles fort. Die Lehmhütten in den Armenvierteln entlang der Küstenstraße wurden gesprengt, ihre Bewohner sind weggezogen. Ein neuer Exodus, doch mit der gleichen Verwüstung.»

So etwas hätte der «Exodus»-Filmproduzent Otto Preminger nie gestattet. Und Kirk Douglas auch nicht bei Spartakus!

Koestler war ein großer Schriftsteller, der andere Größen provozierte. Seinen 1940 erschienenen Roman «Sonnenfinsternis» lehnten Sartre, Havemann und Brecht vehement ab. Ein durch Psychofolter gebrochener Held der sowjetischen Revolution gab darin am Ende eines Schauprozesses sein «Schuldbekenntnis als Konterrevolutionär» ab.

Das gefiel den Herren weder inhaltlich noch vom geschichtlichen Zeitpunkt her. Denn so eine Geschichte über Stalins Folterknechte kurz vor Eintritt der Alliierten ins Bündnis mit Russland gegen Nazideutschland galt als Todsünde eines vom «Glauben» abgefallenen Genossen. Noch 1947 hatte Frankreichs Kommunistische Partei nichts Besseres zu tun, als die Neuauflage von «Sonnenfinsternis» aufzukaufen.

So brisant ist «Der Sklavenkrieg» natürlich nicht, aber auch kein altväterlicher Historienschinken. Inmitten beklemmend realistischer Schlachtszenen gibt es sogar Humorvolles. Wenn zum Beispiel die Wache vor dem Lager der Sklavenkrieger den Schriftsteller Fulvius aufhält und Koestler schreibt: «‹Ich will zum Spartacus, damit ich die Chronik eures Feldzuges aufschreiben kann.› ‹Das ist doch nicht interessant›, sagte die Wache. ‹Man geht immer von einer Stadt zur anderen und schlägt sich herum.›»

Das klingt wie von einem erschöpften Tourneeschauspieler. Sehr pointiert auch die Szene mit dem Veranstalter von Gladiatorenkämpfen, der einem Bewunderer sein Leid klagt: «Sehen Sie, mein Geschätzter, das gesamte Festspielgewerbe macht gegenwärtig eine Krise durch, die das Publikum verschuldet hat. Es schätzt immer weniger das gute, sorgfältig durchgearbeitete Material und die unglaublichen Mühen und Kosten, die darin stecken, und ist stattdessen auf unsinnige Massenschlächtereien erpicht. Die Quantität verdrängt die Qualität; das Publikum verlangt, dass jede größere Veranstaltung mit einer dieser widerlichen Tierhatzen abschließt. Haben Sie sich einmal überlegt, was das für den Unternehmer bedeutet?»

Falls Ihnen das noch nicht zu komisch klingt, wäre da noch der zumindest tragikomische Selbstmordversuch des von Spartakus besiegten Praetors Clodius Glaber. In letzter Sekunde, nachdem er sich ausmalt, was die Spitze seines Dolches körperlich in ihm anrichten würde, stellt der militärische Versager fest, «dass das Sterben eine unsagbare Dummheit ist – noch ungleich viel dümmer, als zu leben.»

Dennoch: Koestler ergänzt als mitreißender Porträtist des Spartakus auf 361 Seiten, was den damaligen römischen Chronisten Livius, Plutarch, Appian und Florus «weniger als zehn Seiten» wert gewesen ist, weil sie es vorzogen, «so wenig wie möglich darüber zu sagen».

Warum die Revolte des historischen Spartakus, der anfangs siebzig Sklaven anführte und auf dem Höhepunkt seiner Macht mit 120 000 Kriegern Süditalien eroberte, nicht zur Revolution wurde? Googeln Sie nicht. Lesen Sie Koestler. Man muss die Zeichen der Zeit erkennen. Bei mir zum Beispiel klingelt es gerade: Der Pizza-Sklave ist da.

Mein Essen mit SAID

Er, ausgerechnet er, der gerade einen Herzinfarkt überlebt hatte, wollte über den alten Schwabinger Friedhof spazieren gehen. Mit dreißig hätte ich das noch als unangenehm empfunden. Aber nun sagte ich: «Gern, mein Präsident!» Er war zu dem Zeitpunkt PEN-Club-Präsident in Bayern. «Aber nicht mehr lang! Mir reicht's!», sagte er und streifte mit seinem Blick Namen auf Steinen, die ihre Geschichte hinter sich hatten. Er erhoffte sich von seinem Herzinfarkt neue Impulse.

Als ich Schreibversuche für meinen ersten Roman unternahm, hatte er mir sein knallhartes Motto für Schreibende mit auf den Weg gegeben: «Ein Schriftsteller ist immer auch ein Verräter.» Also schrieb ich auf, wie meine Mutter mit mir in einen Puff ging. Mitte zwanzig war ich da. Endlich hatte das Wort Puffmutter eine neue Qualität.

SAID lachte. «Ich war mal mit meinem Vater dort. Zu meiner Entjungferung, es war so eine Art Geburtstagsgeschenk.»

«Aha. Und hast du daraus mal 'n Gedicht gemacht?»

«Gedichte, Gedichte», stöhnte der Dichter, «weißt du, wie viele Gedichte ich in diesem Jahr geschrieben habe?» Er zeigte mit seinen Fingern meine Lieblingszahl: Drei! «Ich bin ständig für die Dichter unterwegs.» So sprach SAID. Ein kleiner großer Mann, der sich seinen Karl-Marx-Bart hatte stutzen lassen, was sehr auf seine Situation im weiß-blauen Reich als Vorzeige-Iraner hinwies.

«Und wie geht es dir?»

«Was für ein herrlicher Friedhof», sagte ich.

«Lenk nicht ab!» Ich stutzte.

«Du, SAID, das sagt sie auch immer.»

«Wer?»

«Meine Berlinerin.»

«Ach, verstehe, die, mit der du das Kind hast.»

«Gar nichts verstehst du. Das ist doch die andere. Ich merk schon, wir haben uns lange nicht gesprochen.»

«Stimmt. Zwischen uns liegen immerhin ein Herzinfarkt und zwei Geliebte. Zeitlich gesehen. Wie du siehst: Alles überstanden.»

«Die Damen hoffentlich auch.»

«Oh ja. Die eine hat mich sogar verlassen, und das mir, der ich doch ein Meister im Weggehen bin. Um beim Thema zu bleiben, du hast also eine Berlinerin?!»

«Und eine Französin. Die Mutter des Kindes. Kolja heißt er. Drei, vier Straßen von hier entfernt leben sie.»

«So so, da leben sie. Und wo lebst du? Hier in München? In Berlin?»

«Sowohl als auch. In der fünften Etage des Hauses, in dem die Französin lebt, lebe ich das eine Leben und das andere in Berlin. Hier jedenfalls trennen mich achtzig Stufen von Mutter und Kind. Ich hab gedacht, ich sei angekommen, wollte Ordnung machen.»

«Dafür sind wir nicht da. Wir sind nicht dazu da, alles in Ordnung zu bringen. Ordnung ist unser Tod. Wir bringen Unordnung – aber mit Phantasie.»

Ich freute mich über das von ihm ausgesprochene «Wir». Er hatte mich mit diesem «Wir» zu seinem Seelenverwandten gemacht; vielleicht auch schon vorher. Nicht zufällig habe ich mal in meinem ersten Buch, einem satirischen Büchlein über deutsches Judentum, ein Gedicht von SAID, dem Moslem, auf die erste Seite gesetzt. Und das ging so:

Wie sehr wir uns ähneln.
Zwei von verschiedenen Rudeln abgestoßene Wölfe.
Wir alle sind ewige Juden.
Ich habe Heimweh nach Deiner Umarmung.

Ärgerlicherweise hatte ich, vor zwanzig Jahren, den Dichter frei zitiert und dadurch falsch abdrucken lassen und aus dem

Wort «Heimweh» das Wort «Sehnsucht» gemacht. Immer wenn wir uns sehen, SAID und ich, umarmen wir uns und sagen uns die erste Zeile synchron, wie es sich für Liebende gehört. Ich liebe SAID. Wie einen Bruder. «Wie sehr wir uns ähneln.» Dann belehrt er mich: «Heimweh ist nicht Sehnsucht.» «Ich weiß», sag ich dann, und das schon seit zwanzig Jahren. «Ein grober Fehler, ich weiß.»

Diesmal aber liefen wir über den Schwabinger Friedhof und er sagte kein Wort darüber. Er musste krank sein. Im Winter sahen wir uns wieder. SAID hatte sich in einem Secondhand-Laden für Herren einen sehr schönen Mantel gekauft. Als er ihn kaufte, wusste er noch nicht, dass die kleine sinnliche Ladenbesitzerin, die mit dem unwiderstehlichen Kindergesicht, die Mutter von Kolja war. Nun hängte er das gute Stück auf den edlen Haken des Schwabinger Nobelrestaurants. Ich umarmte ihn, aber zu meiner großen Verwunderung fiel unser Ritual abermals aus. «Wie sehr wir uns ähneln», sagte er nicht. Stattdessen: «Du irritierst mich. Du hast dich verändert», und suchte in meinem Gesicht eine Erklärung dafür.

«Ich fühl mich nicht mehr so leicht wie früher», sagte ich. «Ich fühle meine Grenzen. Und wenn ich sie nicht wahrhaben möchte, wird Kolja sie mir schon zeigen, und das vielleicht sogar deutlicher, als ich es vertragen kann.»

«Das ist es also! Du bist im Umbruch! Natürlich. Nichts Schlechtes an sich. Man muss sich nur darüber im Klaren sein, dass es so ist.»

Nun antwortete ich in der zweiten Person, wahrscheinlich aus einer gewissen Scheu. «Ach weißt du, da willst du deinem Sohn noch so viel zeigen, am liebsten dein albernes Leben als junger Mann. Auf Breitwand. Als Schulfilm, damit er lernt, wie man's nicht macht. Und dann stellt sich heraus, der Kerl ist ja längst in einem ganz anderen Kino. Zu spät, später Vater.»

SAID lächelte, bestellte sich einen Wodka, bestellte ihn wieder ab, die alte Routine eines kräftigen Wodkatrinkers nach einem kräftigen Herzinfarkt. Er setzte meinen Gedankengang fort, nahm mir freundschaftlich meine grammatikalisch «zweite Person» ab, mit der ich mein «Ich» schützen wollte. «Ich verstehe», sagte er. «Du wolltest aussteigen aus deinem eigenen Film, wie Woody Allens Stummfilmheld, der plötzlich plaudernd aus der Leinwand steigt.» (In «Purple Rose of Kairo».)

«Ja, ich wollte wie ein komischer Vogel, es muss ja kein Adler sein, mit dem Sohn unter meinen Fittichen über das Land fliegen und den Vatertag nutzen.»

SAID setzte sein spöttisches Gesicht auf und nippte kurz an der Wodka-Alternative: einem kräftigen Rotwein aus Frankreich. «Ein hübsches Bild, das du da schilderst. Du hättest Poet werden sollen. Aber weißt du, wenn ich 'nen schönen dicken alten resignativen Juden lesen will, greif ich doch lieber zu Tucholsky. Der ist doch auch dein Liebling. (Ich nickte.) Soll er auch bleiben. Überlass doch den verhinderten Vätern ihr trauriges nicht gelebtes Leben. Du bist einundfünfzig, dein Sohn ist zweieinhalb. Du hast einen Sohn ‹gemacht›; dafür machst du keine Gedichte über Eventualitäten. Freu dich doch. Also erzähl mir nichts von Kinobesuchen, wenn sie deinen Sohn momentan nicht einmal in die Jugendvorstellung reinlassen würden. Du hast noch viele Vaterjahre vor dir. Sieh mich an! Ich habe keinen Sohn, dafür habe ich einen Herzinfarkt und zwei Geliebte überlebt.»

«Und?»

SAID nippte am Roten, zog die Brauen hoch, als wolle er dem Rotwein verübeln, dass der immer noch kein Wodka war, und sagte: «Jetzt hat mich auch noch die andere verlassen. Und das mir!» Ich setzte fort: «Dem Meister des Weggehens!»

«Lenk nicht ab. Also, jetzt vergiss mal deine Metapher, ob mit oder ohne Adler, du komischer Vogel. Überlass das den schlecht gelaunten Deutschen und ihrem Wald, den sie erfunden haben, inklusive Vögeln. Sei gelassen. Du wirst deinen Sohn noch lang unter die Fittiche nehmen und übers Land fliegen.»

«Ich bin auch ein Deutscher. Vatertag heißt Himmelfahrt!»

«Kennst du den?» Jetzt kommt ein Witz, das wusste ich. Wenn mein Poet mit seiner Lyrik am Ende ist, erzählt er immer einen Witz. «‹Glaubst du an Gott?›, fragt der eine Jude den anderen. ‹Komm morgen›, sagte der andere. Darauf zuckt der eine zurück und besucht den anderen, wie gewünscht, am kommenden Tag. ‹Und? Glaubst du an Gott?› Der Befragte hält inne, blickt lang in den Himmel und sagt: ‹Nein.› ‹Hättest du mir das nicht auch schon gestern sagen können?› ‹Gestern? Am Schabbes???›» (Also Sabbat.) Wir lachten, schwiegen, und dann fragte er: «Wirst du deinen Sohn beschneiden lassen?»

«Weshalb sollte ich? Als nicht praktizierender Jude.»

«Recht hast du. Du weißt ja, was ich dir gesagt habe, damals, als wir uns kennenlernten. Du fragtest mich: ‹SAID, sag, bin ich Jude?›, und ich hab nicht gesagt: ‹Komm morgen›, sondern nur: ‹Ilja, das ist eine Frage der Zeit.›»

Und es stimmt; je älter ich werde, desto mehr spüre ich meine Wurzeln. Auch wenn ich nicht die Feiertage einhalte. Ein nicht praktizierender Jude ist auch ein Jude! Ein abtrünniger zwar, sagt der Rabbi, aber das war Jesus auch. Und so wahr ich den Namen des Propheten Elias trage, der den Messias ankündigt, ich warte nicht auf ihn. Plötzlich schaute SAID mich an und sagte: «Jetzt weiß ich, was mit dir los ist. Es ist noch schlimmer, als ich gedacht habe: Du liebst! Ich sehe es an deinen verletzten Augen!» Der Dichter hatte bei diesem Selbstzitat aus einem seiner Lyrikbände das Wort «Geliebte» ausgelassen. Ansonsten hatte er in meinen Augen das Richtige gelesen.

«Ich kenne dich eigentlich nur verliebt, aber liebend habe ich dich noch niemals erlebt. Liebend und leidend. Das wurde aber auch Zeit.»

«Ach so, verstehe, du meinst, als so eine Art Bestrafung für die vielen …»

«Aber nein, als neue Erfahrung auf deine alten Tage …»

Und weil seine Augen einen verdächtigen Feuchtfilm bekommen hatten, machte der Dichter mit seinem Taschentuch eine Wischblende. Da wusste einer, wovon und mit wem er sprach;

wusste, dass ich eine junge Frau hatte und ein Kind, drei Straßen weiter in ein neues Leben gesetzt. In gelebte Räume, in denen ich schon einmal gelebt hatte. SAID kannte die Frau. Eine Kindfrau. Und vor ihr hatte ich eine andere Frau in derselben Wohnung geliebt. «Die Löwin» hab ich sie immer genannt. Der Mensch ist und bleibt ein sentimental zurückblickendes Tier. Nicht selten werden meine ergrauten Zeitgenossen sentimental, wenn sie mich sehen, und glotzen rückwärtsgewandt in die siebziger Jahre. Ich glotzte eben nach oben in die zweite Etage. Die Gegenwart wird ja von uns immer stiefmütterlich behandelt.

Apropos Mutter: Es war nicht auszuhalten, damals, vor zwanzig Jahren. In Schwabing. Sechzig Quadratmeter für Königin Mutter, die Kindfrau, ansonsten zwei kläffende Yorkshire-Terrier, meinen Afghanenhund und einen Labradormischling (von der Kindfrau als Einstand in die neue Wohngemeinschaft gebracht). Mangels Poesie hat SAID nie ein Gedicht über diese WG geschrieben. Und das ist gut so. Für eine Komödie hätte sie allemal gereicht. Als ich das erste Mal einzog, bog der Poet um die Ecke. Als ich auszog, lief er auch gerade die Straße entlang. Ich rief ihn hinauf. Zu diesem Zeitpunkt war die Wohnung bereits wieder leer. Und leider, oder Gott sei Dank, war ich nicht so allein, als ich weinte und SAID mir half, indem er wegsah, aber da war. Damals, vor zwanzig Jahren. Ich hielt eine zierliche Jeans von der Kindfrau in meinen Händen. Ich faltete sie, legte sie weg und sagte: «Es ist vorbei.» Als ich ein zweites Mal einzog, sah ich aus dem Fenster und wunderte mich, wo denn der Poet bliebe, denn bisher war er doch immer pünktlich um meine Schicksalsecke gebogen. Und so sehr wir uns ähneln, zwei von verschiedenen Rudeln abgestoßene Wölfe fanden sich nicht, an jenem Tag. Also lief ich zum Buchladen an der Ecke und hörte: «SAID? Der hat doch einen Herzinfarkt erlitten. Während einer Lesung.»

Aber jetzt saß er ja wieder vor mir, in dem Schwabinger Restaurant, in dem wir vor zwanzig Jahren zum letzten

Mal gesessen hatten. Mein Dichter mit dem großen Herzen. Geflickt und zugenäht. Die Tür ging auf und eine aufregende Schönheit, schön wie aus Tausendundeiner Nacht, brachte echten Glanz in die Talmi-Hütte für Neureiche. Als wir uns miteinander bekannt gemacht hatten, sagte die Orientalin, sie war übrigens Türkin: «Wo wart ihr stehen geblieben? Ich meine, bevor ich …» SAID unterbrach sie und sagte trocken: «Wir waren grad bei Wohnungsfragen.» «Ach so. Suchen Sie auch eine? Das ist ja so wahnsinnig schwer in München. Ich hatte zum Beispiel …»

«Nein, unser Freund hat da gar keine Probleme. Er nimmt sowieso immer dieselbe. Nun schon zum dritten Mal. Das heißt, das erste Mal war's noch die Wohnung seiner Geliebten. Das zweite Mal nahm er sich eine zweite Geliebte, behielt aber die Wohnung der ersten Geliebten.»

Die Türkin schaute etwas irritiert, aber amüsiert zu mir herüber. «Und wie ist der neueste Stand?»

«Er hat seine Maskenbildnerin zur Mutter gemacht und ist gerade im Begriff, Mutter und Sohn zu verlassen.»

Sie senkte ihren Kopf, wie ein Orakel, das kurz nachdenken will. Ihr blauschwarzer Schopf legte sich wie ein Vorhang über die Hälfte ihres Gesichtes. Nur noch ein Katzenauge schaute hervor. «Schade. Und wohin wollen Sie nun gehen?»

«Ich bin schon gegangen.»

«In die fünfte Etage!», rundete mein Freund SAID die Geschichte ab und genoss, wie jeder Erzähler, die überraschende Wendung.

«Tja, bleiben ist nirgends», sagte die Türkin und zog mit einer geschmeidigen Handbewegung schnell den Vorhang vor ihren katzengrünen Augen wieder auf.

«Weißt du», sagte SAID, «ich habe mich während einer Lesung in eine Geste von ihr verliebt.»

«Was für eine Geste?»

«Wenn ich das wüsste!?», sagte die Orientalin.

«Nein, ich sag es dir nicht.»

Da fiel wieder ihr Vorhang über die eine Gesichtshälfte, als ich sie fragte: «Mal ganz unter drei Augen: War das mit der Geste vor oder nach dem Herzinfarkt?»

«Während!», nuschelte mein Poet ins Weinglas, trank und wartete die Wirkung ab. Dann grinste er: «Ihre Schönheit war's. Mein Gedichtband und ich – wir klappten zusammen. Ich bekam keine Luft mehr, aber ihre atemberaubende Geste, die hab ich noch mitgenommen in meine Ohnmacht.»

Die Türkin lachte: «Er lügt wie gedruckt.» Die Replik des Poeten ließ nicht lange auf sich warten: «Gedruckt? Dann bin ich ja in letzter Zeit nicht viel zum Lügen gekommen.»

«Armer, armer PEN-Club-Präsident!»

«Ex-!», berichtigte er. «Ich ließ dichten!»

«Wie auch immer du dein Herz malträtiert hast, Poet», sagte ich, «diese Frau ist jedenfalls lebensgefährlich schön.»

SAID lächelte. «Noch eine Minute länger oder zwei, du Schöne, und er fischt in meinen Gewässern. Der schreibt dir glatt ein Liebesgedicht auf deine Serviette, während ich mal kurz ... Er ist nämlich ein Schnelldichter», sagte SAID und war auch schon weg.

«Also nutzen wir die Zeit, Schnelldichter», lächelte sie, «entweder ein Gedicht, und zwar jetzt und sofort, oder ... Sie wissen ja, Poeten pflastern meinen Weg.»

«Also erstens, schöne Orientalin ...»

Sie fiel mir ins Wort. «Aus Saarbrücken übrigens! Mein Großvater hat noch im Zelt übernachtet. Ein echter Nomade.»

«War ich auch mal – ohne Zelt! Bis Kolja kam. Wissen Sie, meine jüdische Mutter wollte, nach allem, was in Deutschland geschehen ist, nach Israel auswandern. Damals. Zur Gründerzeit, anno 1948. Aber dann hatte sie gemeinsam mit meinem Vater auf dem israelischen Generalkonsulat deutsche Auswanderer gesprochen, die ganz schnell wieder heimgekehrt waren; heimgekehrt aus dem Gelobten Land. Sie beklagten sich über den Schmutz und die Nächte am Strand. Weit und breit Meer und nirgends fließend warmes und kaltes Wasser. Wie auch? In Zelten? Meine

Mutter sprach ein Machtwort, und Vater nickte. ‹Wir sind Europäer! Keinesfalls machen wir Dauercamping an einem orientalischen Strand.› Und so wurde ich ein deutscher Jüngling.»

«Weil Ihr Vater nichts zu melden hatte?»

«Wenig. Er war ein deutscher Widerstandskämpfer. Aber gegen Mama war er machtlos.»

«Na, hoffentlich werden Sie nicht auch so ein schwacher Vater.»

«Er hatte schon seine Stärken. Er war gebildeter als Mutter, kannte alle großen Russen, die deutschen Dichter sowieso. Er hatte neuneinhalb Jahre Zuchthaus und KZ überstanden. Aber gegen Mutter …»

«Wie alt sind Sie?»

«Einundfünfzig.»

«Und was haben Sie bisher überstanden?»

«Eine sehr starke Mutter», sagte SAID. Und ich ergänzte das Bild: «Wissen Sie, ausgerechnet Inge Meysel, die einstige Fernsehmutter der Nation, hat zu mir mal gesagt: ‹Ich denke, wenn Eva tot ist (also meine Mutter), fängt dein Leben erst an. Dann kannst du endlich machen, was du willst.› Das war selbst SAID, dem nichts Menschliches fremd ist, ein klein wenig zu viel. Er lächelte verlegen, nahm meine Hand, schaute aber die Schöne an und lächelte entschuldigend: «Er ist im Umbruch.»

«Wie lang ist sie tot, Ihre Mutter?»

«Dreizehn Jahre.»

«Dann ist ja Ihr Umbruch so alt wie der Mauerfall!»

«Ja, aber nun schau dir Deutschland an und dann ihn!», lachte SAID, kniff mir in die Wange und erhob sein Glas. «Auf Kolja! Auf die Französin!», sagte er.

«Aber wir leben getrennt!»

«Die Deutschen auch. Die Ost- und Westler führen doch nur 'ne Schein-Ehe», sagte die Türkin. Unsere Gläser ergaben einen hübschen Dreiklang.

«Sind Sie verheiratet?»

«Ich war.»

«Verarmter Adel», ergänzte SAID. «Ich war sogar am Tag der Trauung dabei.»

Ich nickte bestätigend: «Ja. SAID war dabei. Bei der Trauung, aber auch später, beim Fest in einem Theater, das sinnigerweise auch noch Lustspielhaus heißt. Ich hatte ein altes jüdisches Ritual in die nichtjüdische Hochzeit geschummelt: Braut und Bräutigam müssen zwei in Tücher gehüllte Gläser mit den Füßen zertreten, und nur wenn es Scherben gibt, ist ihnen Glück beschieden. Ich hatte dämlicherweise ein bayerisches festes Bierglas genommen. Es zerbrach einfach nicht. Kein gutes Omen für einen alten Symboliker. Düster ging es weiter. Meine Braut und ich fielen etwas später als naturgetreue Marzipanfiguren genau in dem Moment vom Gipfel der Hochzeitstorte, als ich sie anschnitt. Ich sah uns am Boden als zerbrochene Süßigkeit liegen. Auch darüber hat SAID nie ein Gedicht geschrieben. Das ist nett von dir.»

SAID sah wie ein kleiner Junge auf seine zur Papsthaube gefaltete Serviette. Nur angesehen hat er mich mit einem Blick, der Gedichtbände sprach. Wie sehr wir uns …

«Jedenfalls hättest du Generalvertreter bei BMW werden können, als sogenannter Neuadel. Mindestens.»

«Wieso?», fragte seine Freundin.

«Na, unter Baron fangen die erst gar nicht an. Die nehmen nur Adlige für solche Jobs. Aber ist ein stolzer alter Clown nicht immer noch besser als ein angeheirateter Münchner Vorzeigebaron? Außerdem hätte ich dir schon auf der Hochzeit sagen können, dass das nichts wird mit dir und der schönen Baronin.»

Ich nickte. «Das wusste sogar der Saaldiener vom Schwabinger Standesamt. Er hat mich nach der Zeremonie nur kurz angeguckt, die Tür hinter mir zugemacht und gesagt: ‹Na dann bis zum nächsten Mal!›»

«Und?», fragte die Türkin durchaus neugierig. Ich schüttelte den Kopf. «Wissen Sie, ich bin von der Krankheit der Ehe kuriert.»

«‹Man soll ja niemals nie sagen›, sprach die Leander und ging zwanzig Jahre auf Abschiedstournee», ergänzte SAID.

«Wer ist die Leander?», fragte seine Freundin.

«Eine Ufa-Diva, die nie abgehen konnte. Oder wollte», klärte ich die junge Türkin auf. Ich allerdings konnte und wollte mit der Bemerkung von SAID im Zusammenhang mit mir auch nicht viel anfangen.

«Was hat eine Diva, die nicht abgehen will, mit meiner Frage zu tun?», fragte die schöne Türkin.

«Gute Frage!», antwortete SAID und wandte sich kurz mir zu. «Weil du wohl niemals so ganz von der Sehnsucht nach Bürgerlichkeit kuriert werden wirst».

Leider musste ich meinem Freund mal wieder recht geben. «Ja, wer sagt Ihnen denn, dass ich im Frack keine Bombe hab!» Das hab ich mal in meiner bürgerlichen Verzweiflung, dass mich die '68er-Linke wegen meines bourgeoisen Outfits nicht akzeptieren wollte, in der Münchner «Lach- und Schießgesellschaft» gesungen.

SAID tröstete mich. «Du solltest dir deine linke Revoluzzer-Romantik langsam verzeihen. Unverzeihlich aber finde ich, dass du meiner Schönen kein Liebesgedicht geschrieben hast. Würde es dir gelingen, könnte ich (mit einem Blick zur Schönen) sagen: ‹Nimm sie, sie gehört mir!› Aber so? Ich gebe dir noch eine Chance. Du schreibst jetzt sofort eine Art Zwischenbilanz deines Lebens als später Vater auf ihre Serviette; damit sie wenigstens irgendetwas von dir nach Hause tragen kann. Wer weiß, wann wir uns wiedersehen? Das Leben steckt voller Überraschungen. Nimm zum Beispiel den Tod.» SAID fasste sich lachend ans Herz.

«Stimmt», sagte sie und streichelte ihm über die Infarktgegend, nahm die Serviette, reichte sie mir herüber und komplettierte die Idee ihres Freundes. «Sie haben also circa elf Punkte Zeit. Mehr Platz ist da wohl nicht, um Ihre Situation auf einen poetischen Nenner zu bringen.»

SAID grinste: «Und schau nicht aufs Versmaß, der Kellner wird unruhig. Schreib ohne Rücksicht aufs Reimen dein Leben auf die Serviette. Schnell, mein Dichter. Wir haben Hunger.»

«In elf Punkten?»

«Ja!», sagten beide und lachten. Dann ließ der Poet mich mit seiner schönen Türkin allein.

«Also gut», sagte ich und schrieb einfach drauflos; schließlich hatte ich einen Ruf als Schnelldichter zu verteidigen.

Was auch immer ich dann auf die Servierte gemalt habe, den Teufel werde ich tun, hier auch noch Platz dafür zu verschwenden bei den heutigen Papierpreisen – um ganz im Sinne meines sparsamen Verlegers Ihnen nur noch die Folgen zu schildern. Nachdem ich mein durchnummeriertes Mehrzweckgedicht dem wiedergekehrten SAID übergeben hatte, las ich ein wenig in den Augen der Schönen, während er mein Gedicht «durchschaute». Dann schrieb er darunter: «Dich trägt die Gelassenheit des Besiegten.»

So erhielt meine Schnellpoesie anstelle einer Überschrift eine Unterschrift. «SAID» stand da auf meiner Serviette, die der Schönen des Dichters gehörte. Da nun aber sämtliche Zeilen auf meiner Serviette standen, einer schönen Leinenserviette, unauslöschlich mit Tinte festgehalten, die der Schönen des Dichters gehörte, gab er sie weiter. «Unterschreib sie!», sagte er zu ihr. Sie nickte und drückte mit ihren vollen purpurnen Lippen einen Kuss auf den Stoff, lächelte, sah mich, dann wieder SAID an, und reichte sie mir mit einer sanften Geste. Da zögerte ich, aber SAID sagte, mit Blick auf die Schöne: «Ich kann nur wiederholen – nimm sie, sie gehört mir!»

Ich nahm die Serviette. Der Kellner kam, sah das mit Tinte beschmierte Etwas, worauf ich wie ein Pennäler erschrak; ich drehte die Serviette schnell um und stutzte: SAID hatte in einem unbeobachteten Moment noch einen weiteren Gedanken zu Papier gebracht: «Liebe und tu, was du willst.»

Der Kellner hinterließ seine riesigen Pergamentrollen, Speisekarten, die aussahen wie Alte Testamente, und entfernte sich. Ich fragte: «Ist das auch von dir?»

«Nein, von Peppino», sagte das Schlitzohr und lächelte dem Wirt hinter der Theke jetzt zu.

«Das ist Peppino», erklärte die Schöne.

«Aber ich meinte doch ...»

«Ich weiß», lächelte er. «Aber der Gedanke ist von Augustinus, 354 bis 430 nach Christus», sagte er mit Blick auf Peppinos letzten Willen lukullischer Genüsse.

Die Schöne vertiefte sich nun in die Speiseangebote in Pergament, denn was SAID zur Erklärung parat hatte, kannte sie wohl bereits. «Weißt du, kurz vor der Operation an meinem Herzen hörte ich den Chefarzt irgendetwas von Augustinus zitieren; es war für seinen Mitarbeiter bestimmt. Ich aber, noch sehr geschwächt, mischte mich dennoch ein: ‹Haben Sie eben Augustinus zitiert? Das ist mein Lieblingsheiliger.›

‹Meiner auch›, sagte der Doktor und wiederholte, was er eben gesagt hatte: ‹Liebe – und tu, was du willst!› Dann muss der Arzt, bei aller Liebe, etwas strenger dreingeschaut haben, denn er sagte: ‹Jetzt passen Sie mal auf! Diese Operation wird, zu neunzig Prozent gelingen. Aber wenn Sie jetzt nein sagen, werden Sie sterben.›» Ich sehe gerade SAID vor mir, wie er flach liegend kurz mit den Schultern zuckt und sagt: «Liebe – und tu, was du willst!»

Die Geschichte hat ein schönes Ende: Der Patient erwachte, der Arzt gab ihm die Hand, lächelte und sagte: «Schönen Gruß von Augustinus!»

Erst nach dieser Geschichte kam der Oberkellner, und das fand ich bei aller Arroganz sympathisch an ihm: Ein Oberkellner, der in den guten Schluss einer Geschichte reinlatscht, ist nur ein Unterkellner. Der Schwabinger Nobelpinguin zeigte Klasse: «Wofür haben Sie sich entschieden?»

«Fürs Leben!», sagte SAID trocken und bestellte einen toten Hasen.

Lieben und tun, was er will, das wollte er. Am 15. Mai 2021 ist er in seiner Heimat gestorben: im Niemandsland. Ich habe Heimweh nach seiner Umarmung.

Der Verlag hält fest

Elsinor Verlag, Coesfeld, Telefonat mit Ilja Richter (Audioaufzeichnung vom 17. Juni 2022)

PAGO So, Herr Richter, nun endlich raus mit der Sprache. Welche Liebesgeschichte hängt denn an diesem Hund auf dem Foto? Etwa mit Cornelia? Unter ihren Kreide-Namen habe ich eine «Cornelia» entdeckt. Bei diesem Namen denkt meine Generation doch sofort an Cornelia Froboess: «Pack die Badehose ein, nimm dein kleines Schwesterlein, und dann nüscht wie raus zum …»

RICHTER Sie vielleicht. Mein Wannsee ist vergiftet.

PAGO Wie das?

RICHTER Seit meinem Pfingstausflug mit der Berliner Stern und Kreisschifffahrt. Allein schon der Name – «Stern und …»

PAGO Kann so ein Stern von der Kreis-Schifffahrt nicht einfach ein Stern bleiben?

RICHTER Nicht, wenn der Dampfer-Kapitän ankündigt: «Und nun kommen wir am ‹Haus der Wannseekonferenz› vorbei, wo einst die Judenfrage besprochen wurde.»

PAGO So hat er das tatsächlich gesagt – «besprochen wurde»?

RICHTER Ja, ich sitze mit meiner Familie. Alles fröhlich. Alles gut. Fühlte mich sehr berlinisch. Erinnerungen von Ausflügen mit den Eltern stiegen hoch. Durchaus heitere … Bis dann dieser beschissen verlogene Satz aus den Lautsprechern tönte. Zum Kotzen.

PAGO Im Leben klingen Sie viel profaner als in Ihren Texten …

RICHTER Na, wenn schon. Brecht sprach in Paris, als er den Schauspieler Kurt Gerron sah, auch nur von einem «Stück Scheiße», das die Nazis beim Wegfegen wohl vergessen hätten. Brecht hatte ihn auf dem Kieker, weil er auf den Proben zur «Dreigroschenoper» immer nur …

PAGO Sie sind aber nicht Brecht. Wie ist denn die Sache auf dem Wannsee ausgegangen?

RICHTER Ich stieg hinauf zum Kapitän und klopfte an. Rund und gutmütig dreinblickend öffnet er sein Fensterchen: «Ja, bitte?» Und ich frage ganz ruhig, bin ich immer, wenn es mich tief im Herzen trifft. Also sage ich mehr, als ich dass ich frage: «Finden Sie es angemessen, von einer ‹Judenfrage› zu sprechen, die hier am Wannsee in dieser Konferenz ‹besprochen› wurde? Ist das Ihr Ernst?» Der Kapitän jetzt eher verlegen: «Ich weiß, aber wissen Sie, ich habe das auch schon anders formuliert – und immer gab es nur Ärger mit den Passagieren. Und den wollte ich vermeiden.» «Das merkt man …», entgegnete ich mit zorniger Stirn. Er zuckte nur ratlos mit seinen epaulierten Achseln.

PAGO Epaulierte Achseln? «Achselstücke» sollte man eindeutschen.

RICHTER Aber Sie sind es doch, der mich immer bittet, ganz persönlich zu bleiben. Und den Vergnügungskapitän mit der «Judenfrage», die am Wannsee «besprochen» wurde, nahm ich wirklich sehr persönlich. Da schlägt mein Herz dann ohne Einhaltung der Feiertage ausgesprochen jüdisch.

PAGO Konnten Sie sich beruhigen?

RICHTER Meine Familie an Deck konnte sehen, wie ich kreidebleich dem gemütlichen Kapitän eine unmissverständliche Geste bot.

PAGO Mit dem Mittelfinger? Oh, das kann teuer werden.

RICHTER Nein, mit sechs Fingern. Mit hingezeigten Fingern «Sechs Millionen!» gerufen habe ich. Gegen die inzwischen wieder geschlossene Trennscheibe.

PAGO Verstehe.

RICHTER Familienausflug im Eimer. Meine geduldige Frau versuchte mich zu besänftigen. «Sonne, Kaffee, Kuchen. Das haben sie gebucht und mehr wollen sie zu Pfingsten nicht.» «Sonst auch nicht», sagte ich und ging wieder hoch zum Kapitän: «Hören Sie, wenn Sie so große Sorgen haben, Passagieren mit Ihren Worten die Dampferfahrt zu vermiesen, denken Sie doch bitte auch mal an Menschen, die Sie genau mit diesem ‹Hier wurde die Judenfrage besprochen› verletzen. Mich zum Beispiel! Sie könnten doch einfach sagen, dass in diesem Haus in der Wannseekonferenz die Endlösung beschlossen worden ist.» «Mach ich», sagte er in einem verschreckten, gutmütigen Ton. Schmunzelte nun sogar ein wenig: «Und wenn ein Ilja Richter mir das sagt, ist das die Sache wert.» Nun hatte der Vergnügungskäpt'n mich voll am Bug erwischt.

PAGO Pardon, Herr Richter! Versteh ich alles. Aber am Wannsee wurde die sogenannte «Endlösung» tatsächlich nicht beschlossen. Die Anweisung zur Judenvernichtung muss deutlich vorher schon von Hitler und Himmler gegeben worden sein. Bei der Wannseekonferenz ging es um die Deportationen und deren praktische Umsetzung. Die wurden dort beschlossen und nicht die «Judenfrage besprochen». Ich versteh' Ihre Empörung. Aber die Formulierung, die Sie dem Kapitän vorgeschlagen haben, trifft die Sache auch nicht. Aber ich bin kein Historiker. Ich bin Verleger.

RICHTER Drucken Sie es oder lassen Sie es. Egal. Seit diesem miesen Erlebnis ist der Wannsee für mich jedenfalls vergiftet. Kommen wir also, in Gottes Namen, jetzt lieber zu Ihrer «Conny» auf dem Foto.

PAGO Gut, den Wannsee haben Sie mir versalzen. Jetzt bitte was Leichtes. Über Verliebtheit und Flirts. Gerade aus der Sicht von Ihnen, als zurückblickender Mann. Über Liebe, Tiere, über Hunde …

RICHTER Also der Hund auf dem Foto mit den Kreide-Namen war eine Hündin. Die hatte ich nur aus dem Tierheim geholt, um Gaby Gasser zu beeindrucken und für mich zu erwärmen. Eine radikale, ausgesprochen schöne Tierschützerin.

PAGO Und? Haben Sie?

RICHTER Nö. Sie wollte nur eine Affäre. Aber nun hatte ich die Afghanin.

Am Denkmal der unbekannten Geliebten

Kniend am Denkmal
der unbekannten Geliebten
leg ich den Kranz nieder.
Nicht,
weil die Frauen
gestorben sind.

Hin und wieder,
erinnert sich
ein und die andere

Denk ich;

kniend am Denkmal
der unbenannten Geliebten
leg ich statt mich hin
die Schärpe: (Aufschrift wie üblich.)

«Unvergessen.»

Schaut eine alte Geliebte vorbei, kniet sich,
trotz Gicht glatt neben mich;
sagt zu mir,
der ich sie einstens vergessen:

«Was ist denn nun, alter Idiot!
Gehen wir vorher noch essen?»

So wie in diesem Gedicht über verflossene Liebe war es bisher, leider oder Gott sei Dank, nicht gekommen. Erinnerungsessen können, mag das Essen noch so gut sein und der Wein bester Jahrgang, auf den Magen schlagen.

Deine Sentimentalität spielt dir einen Streich, streicht alles zu bunt an. Du hast den Farbfilm vergessen, mein Michael, oder wie du auch heißen magst, alter Altersgenosse.

Und so will ich die Frauen, namenlos, gar nicht erst fragen, wie sie mich sahen.

Die Engländerin

Berlin, 1986. Sie war zweiundzwanzig und ich nun schon leicht über dreißig und führte sie durch West-Berlin, und sie fand meine Küsse okay, aber nicht meine Stadt. Wer wie sie in der City of London wohnte, als es noch bezahlbar war, empfand die Rushhour von West-Berlin als eher lächerlich. Und wenn sie englische Stücke im Theater sah, verstand sie nicht, was daran angelsächsisch sein sollte.

Sie sprach sehr gut deutsch. Aber englische Namen aus dem Mund von Harald Juhnke irritierten die Engländerin. Ohne das arrogant zu meinen. Die Engländerin war im Verkehr, ob am Kurfürstendamm oder im Bett, immer natürlich. Und offen. Dann fuhren wir nach Ost-Berlin. Da nun war sie völlig begeistert. Da spielte Berlin zwar ebenfalls Weltstadt. Aber die Engländerin sah auf die Pappautos, freute sich, dass die wirklich losfuhren, obwohl sie die Trabbis und selbst die viel teureren Wartburgs als zu groß geratene Spielzeugautos empfand. Auch die Revue im Friedrichstadt-Palast, diese Beine schwenkenden Girls empfand sie als niedlich und doch als nicht ganz echt. Gespielte Weltstadt eben. Auf deutsch.

West- und Ost-Berlin waren vom Gefälle her für sie irritierend. Aber auch unwirklich. Erst als ich mit ihr nach der Show auf eines der Girls am Bühneneingang wartete, und sie sah, dass es eine echte Berlinerin war, die mich mit Urberliner Dialekt fragte: «Mensch, Ilja, du alte Pflaume, warst du drin? Du warst doch nicht etwa heut drin in der Show? Und hey, wer is denn die Süße?», und auf die Engländerin zeigte, konterte sie frech: «Dock dock. Wiir waren drin. Und du?» (Und lachte das ungeschminkte Revuegirl an.) «Warrst du auck schon mal bei Ilja drinn?» Da war sie sprachlos, die Berlinerin.

Dann gingen wir zu dritt noch in eine olle Kneipe. Das war für sie «eine bissken wie eine English pub with German crowds. I like it.»

Als wir wieder in West-Berlin gelandet waren, im glatten Viertel um den Savignyplatz herum, wo ihr alles überhaupt nicht mehr so gut gefiel, sagte sie erstmal gar nichts. Ging dann mit mir ins Bett, wie wir es nun schon über eine Woche getan hatten. Und immer wieder gern. Nur die Berlinerin ging ihr wohl nicht aus dem Kopf.

Sehr feierlich sagte sie dann: «Wenn du willst, mack ick dir hier auck so eine Revue Girl. Ohne Straußenfeder dabei und auck keine Lackhose an meine Arsch. Aber wenn du die Augen zumackst, singt dir meine Muschi eine alte englische Folksong.» Ich nickte, machte das Licht aus. Und hab es nicht bereut.

Und da ich nicht ganz unbekannt war und die Londonerin frech wie eine Berlinerin, nannte sie die Nächte mit mir: «Nights of the Proms».

Ich sagte: «Wieso Proms? Noch sind wir nachts nur zu zweit!»

«Nock!», sagte die Engländerin.

P. S. Diesen Text wollte mir mein Verlag streichen, ich aber konterte: «Alle Menschen werden prüder.»

Winnetou stirbt in Lautenthal

Ausgerechnet mein letzter Auftritt mit meinem Solo-Abend «Vergesst Winnetou» drohte an einem vergessenen Cowboyhut zu scheitern. Meine Hommage für Karl May – Deutschlands Prärie-Goethe – so ganz ohne Cowboyhut? Das wäre wie Heino ohne Brille. Immer trug ich den zerbeulten Hut. Es war das zweitwichtigste Accessoire in diesem Programm. Das allerwichtigste, das Indianerstirnband mit Feder, war natürlich noch tragender.

Hätte ich einen Tourneebus oder eine Limousine, wäre ich einfach zurückgekehrt und hätte den Hut geholt. Aber ich sitze unumkehrbar in der Deutschen Bahn auf dem Weg in den Harz, als mir klar wird, dass ich dieses wichtige Utensil vergessen habe, und dementsprechend schlecht gelaunt rolle ich an diesem Juni-Freitag des Jahres 2022 hutlos im Regionalzug in eine nun völlig sinnlose Zukunft. Man kennt solche Zerknirschung: Feldherren, die sich nicht die Kugel wegen einer verlorenen Schlacht geben, sondern weil sie ihr Feuerzeug nicht finden können.

In Goslar auf dem Bahnhof steht strahlend Herr Rieck-Assmann, fast ebenso alt wie ich, und nimmt mich in Empfang. Im bunten Freizeithemd. Er ist der leichtfüßig anmutende Direktor des Varieté-Theaters «Wunderkammer» in Lautenthal, in dem mein Auftritt erwartet wird. Herr Rieck-Assmann ist Eingeborener des Zweitausend-Seelen-Dorfes und Zeitzeuge des thüringischen Grenzfalls zu Niedersachsen. Früher hatte Lautenthal mal einen Bahnhof, aber die Strecke ist schon lange außer Betrieb. Deshalb ist Herr Rieck-Assmann nicht nur Theaterdirektor, sondern auch Chauffeur. Er scheint Mädchen für alles zu sein – Garderobe, Ton, Licht, Abendkasse. Merke: Mittelalte Männer in Freizeit-Hemden haben keine.

Dieser Mann ist durch nichts zu erschüttern. Ich schon. So ohne meine Requisiten. Je älter ich werde, desto penibler werde ich. Und erbarmungslos. Meine Technikproben sind unter Brettl-Veranstaltern gefürchtet.

«Halb so wild, Herr Richter, Ihr Hutproblem. Nur mit der Ruhe. Bei uns um die Ecke läuft seit Jahren die Harzer «Buffalo Bill's Wildwestshow». Dort im Fundus warten auf Sie an die hundert Cowboyhüte, wenn Sie wollen. Da werden wir fündig!», ruft er aus und übernimmt meinen Requisitenkoffer. Luxus pur. Fünf Jahre lang hatte ich das ramponierte Teil ohne eigenes Auto, ohne Reisekalfaktor oder Assistenz solo von Auftritt zu Auftritt durch tausend Provinzorte geschleppt, durch kleine Städtchen im Schatten von Metropolen wie Göttingen, das von der Pariser Sängerin Barbara anno 1964 in Form eines friedensgöttlichen Chansons bei ihren Landsleuten um Versöhnung warb. Wenn also Marlene damals immer noch fragte, «Sag mir wo die Blumen sind, wo sind sie geblieben?», hieß es bei Barbara, trotz familiärer Verluste als Jüdin:

«Es blühen wunderschöne Rosen
In Göttingen, in Göttingen.
Doch sollten wieder Waffen sprechen,
Es würde mir das Herz zerbrechen!
Wer weiß, was dann noch übrig bliebe
Von Göttingen, von Göttingen.»

Hatte ich bereits 2008 in dieser Stadt meinen «Richard den Dritten» gespielt, lag nun der Höhepunkt meiner Spätkarriere in Lautenthals «Wunderkammer». Mit knapp achtzig Sitzplätzen.

Überraschend zügig läuft die Licht- und Tonprobe mit dem Kollegen Rieck-Assmann, also mindestens so präzise und stichwortgenau wie drei Jahre zuvor im Deutschen Theater, wo man sich noch liebevoll an meinen Richard Drei erinnert hatte.

Ich hätte als Killer mit «disco»-Vergangenheit die Sehgewohnheiten des ergrauten Abonnements sehr schön durcheinander gebracht. So mag ich das. Gestern großes Deutsches

Theater, heute kleine Wunderkammer. Mit einem Direktor, der alles das, was ein gutes Team macht, hier allein wie mit links erledigt.

Ich komme einfach nicht ins Meckern. Als Fachmann der kleinen Form sagt mir seine «Wunderkammer» in einer Weise zu, dass ich ihm noch eine ganz andere Form der Zusage mache. Das geschah in dem Moment, als er mir erzählte, einen Flohzirkus betrieben zu haben, der aber coronabedingt eingegangen war.

Bald sollte ich feststellen, dass das ganze Dörfchen bedroht war und es noch immer ist. So viele gastronomische Einbrüche, geschlossene Gasthäuser hatte ich auf meinem Spaziergang zu registrieren. Ich lachte noch über die Schlagfertigkeit vom Ex-Flohzirkusdirektor, als ich witzelte:

«Ja, was wurde denn nun aus Ihren Flöhen?»

Darauf er: «Fristlos entlassen!»

Ich «gab» deutsche Theatererschütterung: «Oh, mein Gott!»

«Halb so wild – die Hauptprotagonisten haben sich einen Fuchs genommen.»

Spätestens da hätte ich anstimmen können: «Ich hab mein Herz in Lautenthal verloren!» Aber das geschah alles nicht, um im Refrain des triefig-miefigen Schlagers zu bleiben, in einer lauen Sommernacht Heidelberger Studentenverkitschung, sondern in einem Harzer Dorf.

Ich gab dem Herrn Varieté-Theaterdirektor noch zum Trost meine Hymne auf den Flohzirkus zum besten, die vom allerbesten deutschen Librettisten in Sachen Broadway-Eindeutschung stammt – Robert Gilbert. Der schrieb für «Annie Get Your Gun»:

> «Wenn Applaus im Haus ist, ist der Dichter froh
> Und's Lampenfieber brennt lichterloh.
> Ja, das freut im Flohzirkus sogar den Floh,
> Denn Showbusiness ist so!»

Der Direktor lacht, ich lache. Doch mir sollte das Lachen beim Gang durch Lautenthal gefrieren. Eine Probe macht hungrig, aber in diesem Tourismus-Dorf war alles zu. Man ist dort entweder krank oder pleite. Über der unheimlichen Dorfstille thront der «Harzer Schnitzelkönig». Es gibt dort nichts anderes. Weder auf der Speisekarte noch auf den Dorfstraßen der Vergessenheit. Historisch kann Lautenthal immerhin mit einer 1756 gegründeten Brauerei dienen, die aber seit 1959 nichts mehr ausschenkt. Hier kann man ja noch nicht mal ein Schankverbot zum Ausdruck bringen. «Bonjour tristesse» im Tal der Menschen, die schon mal lauter gewesen sein dürften. Dass hier menschlich gesehen durchaus lautere Charaktere wohnten, hatte ich ja mit dem Wunderkammer-Direktor zur Kenntnis nehmen können.

Und am Abend dann wird sich das dortige Publikum als mindestens ebenso stark und flink für Pointen empfänglich zeigen wie in Berlin-Steglitz in Hallervordens Schlosspark-Theater. Bei der Verabschiedung verspreche ich, vom sympathischen Publikum gerührt, dem Harzer Theaterdirektor tatsächlich, bald wiederzukommen, um hier die Testvorstellungen meiner nächsten Programme steigen zu lassen.

Marco Rieck-Assmann strahlt mich an. Eine seltene Schichtung von Freude, Stolz, Glück und Dank ereilt unsere porösen Männergemüter, dass ich ihm und seiner Wunderkammer einfach sämtliche Utensilien, von der Indianerfeder bis zur Cowboyunterhose, schenke, kurz: den ganzen «Vergesst-Winnetou»-Requisitenkoffer.

Aber ich greife vor. Das alles kann ich bei meinem Gang durch das Dorf ja noch nicht wissen. Von Anblick zu Anblick verschlossener Orte von Handel, Bildung und Geselligkeit verliere ich den Appetit auf den Schnitzelkönig und sein Reich. Mir reicht, was ich sehe: Krieg und Frieden mit näher rückenden Russen im Kopf. Auch ein paar fremdsprachige Kinder sehe ich in den Höfen mittelalterlichen Zuschnitts spielen. So treibt der neuer Zar die ukrainischen Familien ins Land.

Lautenthal ist überall. Nur hier, in der verarmten Provinz, ist es noch deutlicher zu spüren, was für einen hohen Preis wir alle zahlen. Vom Benzinpreis bis zum Gas. Halbe Preise gibt es beim Schnitzelkönig nur für Kinder. Ich habe den ganzen bezahlt, aber das Schnitzel nur zur Hälfte essen können.

Um es noch einmal mit den Erinnerungen des Komikers Curt Bois zu sagen: «So schlecht war mir noch nie!» Als Kind armer Gastwirtsleute noch einmal im Leben davongekommen, zog ich mir, beschützt vom Gott der Albernheit, in der Künstlergarderobe meinen Long-John an. Eingefleischte Fünfziger-Jahre-Westernkino-Fans haben diese mausgrauen Liebestöter als einteilige Männerunterhose tausendmal am Leibe ihrer Heroen John Wayne und Robert Mitchum betrachtet.

Und nun ich: Siebzig Jahr – weißes Haar. So stand ich vor ihnen. Klamottiger Höhepunkt eines insgesamt eher nachdenklichen Programms über einen Unterschätzten: Karl May. Der Sachse und ich! Da ist nur ein entscheidender Unterschied: Karl hatte Phantasie, aber keine Selbstironie. Er starb daran. Ich habe mit meiner Selbstironie bei bester Laune als Heiterster unter den prominent Ignorierten die Zeit überlebt.

Zum letzten Mal gab ich in Lautenthal den Stripteasetänzer. Dass «Nacktheit das undurchsichtigste Kleid sein kann», hatte ich von Bodo Kirchhoff gelernt. Mit seinem Seelenstriptease unter dem Titel «Der Ansager einer Striptease-Nummer gibt nicht auf» hatte ich einst das Düsseldorfer Schauspielhaus zum Jubeln gebracht. Und nun: Lautenthal! Und bin glücklicher dabei als damals.

Ich ziehe meinen braven dunklen Anzug wie eine alte Stripteasetänzerin aus, was unter der Melodie von «High Noon» folgendermaßen klingt:

> «Weil so ein Long John als langer Einteiler
> Warm hält; vom Charme hält er nix als Langweiler.
> Und Gary Cooper hätt' ‹High Noon› glatt vergeigt,
> Hätt' er so ‹face to face› sich Grace gezeigt.»

Erfolgreiche fünf Jahre lang ließ ich an dieser Stelle den mausgrauen Long John fallen. Jubel, Applaus, Black out! Hemmungslos, Klamotte hoch drei, dürfen meine schärfsten Kritiker durchaus an dieser Stelle sagen oder in Rezensionen schreiben. Nur zu! Ich hatte aber gerade durch das Belachen dieser inszenierten Lächerlichkeit eine unterm Strich gute Presse, weil der Abend das unfreiwillig Lächerliche eines Karl May nicht auf Kosten dieses kleinen Sachsen aus noch kleineren Verhältnissen feilbot: einen Seelenstriptease vor der Kulisse seines Erzählergenies.

«Das kann ich doch nicht annehmen», hatte der Lautenthaler Bühnenkollege gesagt, ehe er davongerollt war. Mit Koffer.

Winnetou ist tot. Ich lebe noch. Karl May starb in Radebeul in Sachsen. Mein Solo-Programm über ihn starb in Lautenthal im Harz. «Prinzip Hoffnung» in der deutschen Provinz, denke ich und denke an Ernst Blochs Philosophenurteil:

«Karl May ist einer der besten deutschen Erzähler, und er wäre, vielleicht, der beste schlechthin, wäre er eben kein armer verwirrter Proletarier gewesen.»

Das kenne ich: Ich hatte mich oft verwirrt in der falschen Klasse befunden. Nehmen Sie's mir nicht übel. Nehmen Sie's persönlich.

Ein großer Dank …

… an Meisterfotograf Joseph Gallus Rittenberg für seine mir geschenkten Bilder. Und noch ein Wort des Dankes: Ohne Matthias Thalheim, den ehemaligen Feature- und Hörspiel-Chef des MDR, wäre dieses Buch ein anderes geworden.

Meinem Siez-Freund Thalheim danke ich für den lektorischen Beistand bei diesem Mosaik neuer und alter Texte, Glossen und Possen und für das Immer-wieder-Mutmachen. Und das Insistieren, auch dort weiterzuerzählen, wo ich zwischen dreißig und vierzig eher stagnierte. Mich selbst unterbrochen hatte. Ablenkte. Mit Unwesentlichem. Was wirklich wesentlich ist? Keine Angst vor dem Tod zu haben; höchstens davor, in der letzten Lebensminute zu seiner, sagen wir mal, schwarzhaarigen Frau zu sagen: «Die Rote hätte ich nehmen sollen.»

… Und nun tanz ich
Ganz ohne Applauszwang
Heiter un(d) gewiss zum …

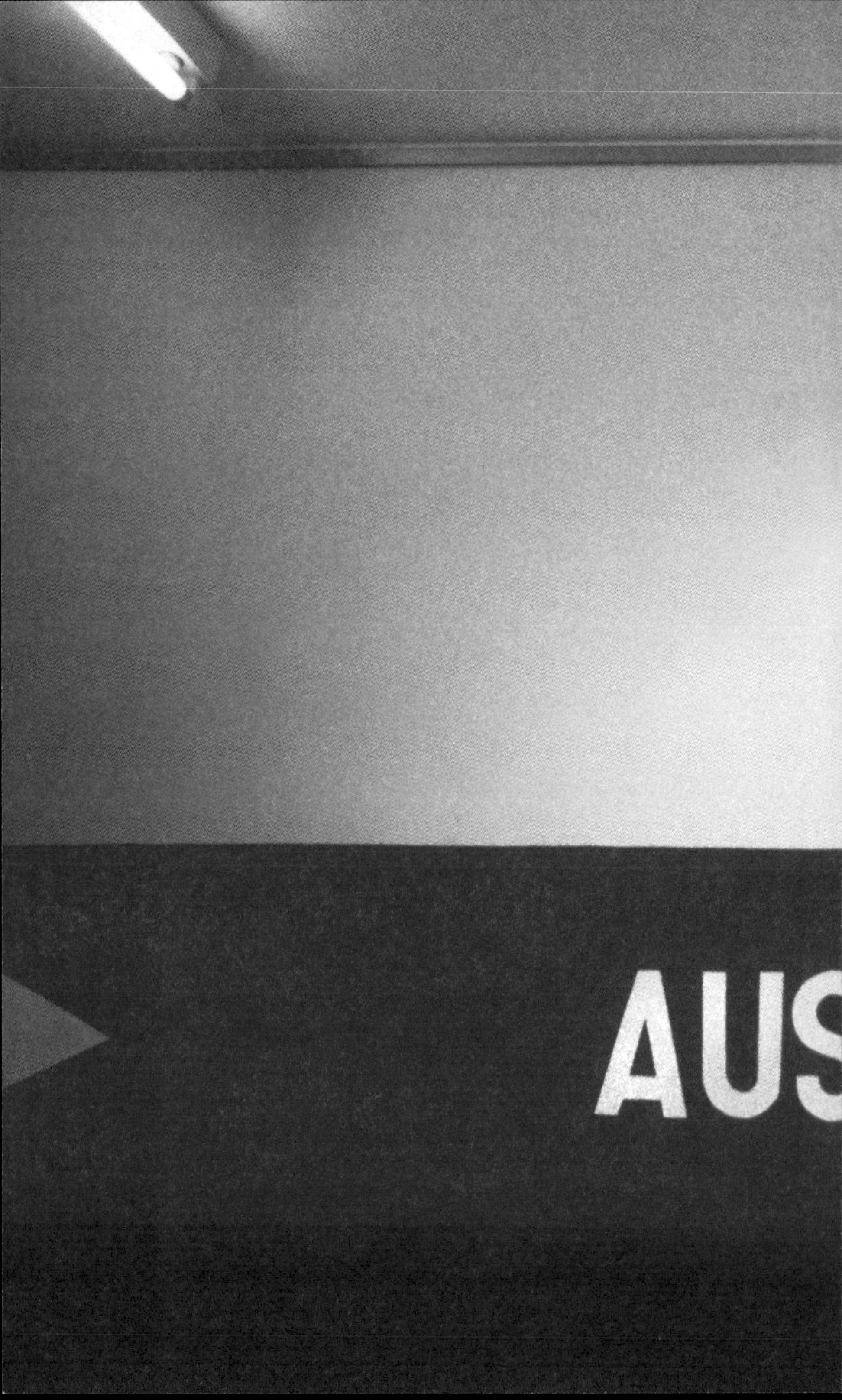
AUS

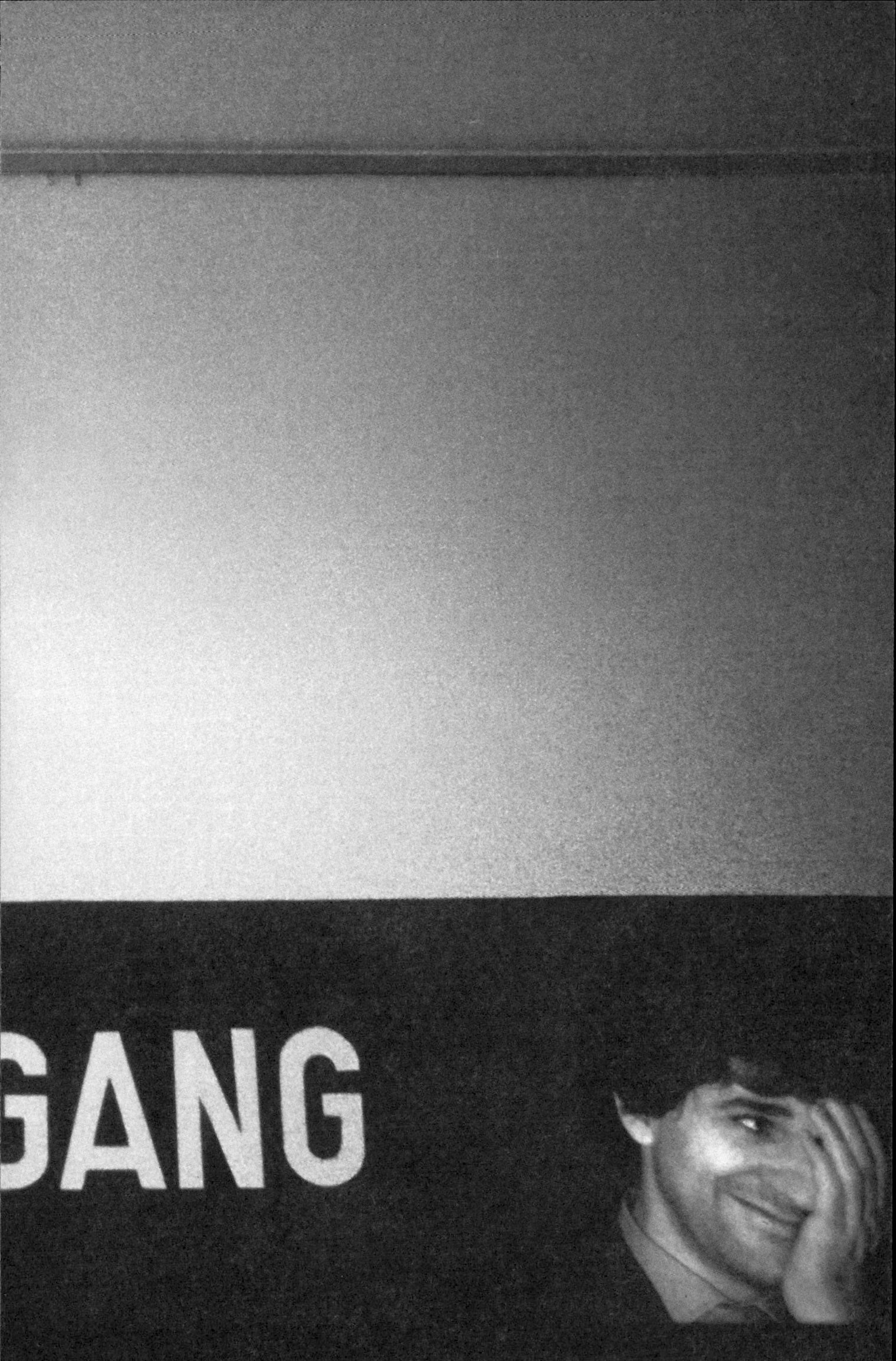
GANG

Inhalt

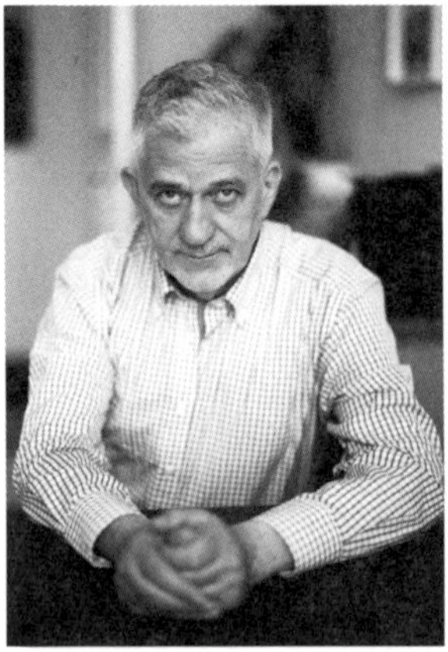

Ilja Richter begann seine Bühnenlaufbahn bereits mit neun Jahren. Einem breiten Publikum wurde er in den siebziger Jahren vor allem durch 143 ZDF-DISCO-Shows und dreizehn «Wörthersee-Kinofilme» bekannt. Ab seinem dreißigsten Lebensjahr wandte er sich vorwiegend dem Theater zu. Wie vielseitig talentiert er ist, zeigt sich in seiner breit gefächerten Tätigkeit als Sprecher für Radio, Synchron und Hörbücher, als Autor, Regisseur, in Fernsehfilmen, Serien und gelegentlich auch in Filmrollen. Die letzten Jahre war er vor allem in seinen Solo-Bühnenprogrammen zu erleben: sei es als eigenwilliger Sänger und Interpret mit dem Chanson-Programm «Durch Kreislers Brille», seinem ersten Liederabend «Meine Lieblingslieder» oder mit dem Kabarett «Vergesst Winnetou».

Wer mehr Autobiografisches erfahren will, darf sich unter dem unten genannten Link an Matthias Thalheims lexikalischer Leidenschaft erfreuen.

Mehr über Ilja Richter unter:

https://www.elsinor.de/elsinor/
doku-iljarichter